跟著有其甜

米菇，我們還要

一起旅行好久好久

賴聖文＆米菇—著

聖文與米菇倆的回甘之旅

因為採訪認識了聖文與米菇，兩次手機訪談後，得知他們將要來台北，於是邀請兩位來家中小住。雖然之前未曾謀面，卻不陌生，是聖文與米菇散發著平和友好的氣息教人安心，所以我們很容易地有了濡沫情誼。

數個夜裡，那多數人都在沉睡的時刻，米菇躺在沙發上，嘴裡含著玫瑰花靠枕，搖著尾巴聽我說話；透過昏黃的夜燈，我可以看見牠的眼神閃動著光采，溫順底下還有一番難以著墨的深情回應，我便明白聖文何以如此衷愛牠，又如何在每一天的行動中加深這般情感了。

愛，能夠教人勇敢起來，在命運與渴望之間做出選擇。如果，你／妳正處於人生兩難之際，請細細品味這本新書，讓聖文與米菇倆的回甘之旅，鬆脫你／妳的糾結。

　曾經我在自己的書中寫下——
　愛是一種探險，等待對方付出，不如自己先去實踐。
　愛是一種自由，可以在任何時間進出心門，沒有阻礙。

愛是一種滿足，在一起的時候，不說話也很自在。

愛是一種歡迎，當非同類出現時，大方地邀請他加入。

愛是一種魔法，在真實空間裡，還有夢存在的地方！

在此，祝福每一位旅者，都能順利出發；每一趟不設限的旅程中皆有意外驚喜。Bon voyage！

納萊 *Nely*

被米菇寵壞的人類

生命不該有分別心，但我承認喜歡非人類動物多一點。

所以這篇序，獻給親愛的米菇……（賴聖文你要感謝她。）

認識她倆的時候，她們已經在路上了。

當眼前的那個年輕人，踩著滑板、倒戴著帽子開始講述「壯舉」時……

我只顧著摸米菇，（像是理學檢查般的摸法……是我的職業病也是習慣）。邊摸我心裡邊想的是：

「啊不就年輕人當完兵不想找工作就搞環島囉～～」

「最好把米菇照顧好，不然我就處理你個屎屁孩！」

人活得夠久，有個好處是看得夠多；社會出得夠早，有個不美麗就是看得夠透。

第二次再遇見她們，是在另一個城市……

我在米菇脖子上，摸到了一顆腫瘤，幹！

我不愛「寵物」一詞，

一位亦師亦友的「大貓」曾經說過：「擁有動物們的愛與信任的我們，才是被寵愛的那一方。」

賴聖文，你才是被米菇寵愛的死小孩！

你一句話，一個決定……她從此赴湯蹈火、從無怨尤！

你恣意妄為地想體驗你的人生，她拖命帶病的一路奉陪到底！

我不管你的人生最後會過得如何，但我要你永遠記住！你這輩子曾經被米菇全心全意、忠誠信賴地寵愛過！！

請你刻骨銘心這一段，因為她用她的全部生命在成全你並教導你。

OK 我相信生命中所發生的每一件事，都有其意義。

你遇見米菇……

你跟著米菇有其甜……

我遇見了妳們……

寫了這篇序……

這序我獻給親愛的米菇之外，也想對你說：「希望你在米菇的身上學到無私的愛、學到勇於付出、學到忠誠與信任，然後你要真心地感謝她，並且試著把你在她身上所學到的，延伸渲染至其他生命。」

除了對你說……也對更多被動物寵愛的人類說。

2018 年 入冬　李火山

一起旅行，
直到走不動為止

和米菇一起環島旅行至今已 3 年多。

最初原訂 2 個月的旅行，因為在途中發現米菇長了顆惡性腫瘤、被醫師宣判壽命只剩兩年，使我決定將旅程延長，好陪著米菇慢慢走到她再也走不動的那天。然而這一延就延了三年餘，米菇不僅逃離了死神的魔掌，至今依舊生氣蓬勃。這樣巨大的轉變連我自己都始料未及。

從小我們就被要求著要規劃長遠安穩的未來，但事實上未來的樣貌從來都不是照著你的想像去發展，唯一能掌握的只有當下的自己。懷著這樣的信念，我做的每一個決定都是從自己未來的角度去想像，想像當時的決定是否會讓未來的自己後悔。而我深信不管 5 年、乃至 10 年後的自己去回首這一趟與米菇的旅程，絕不會後悔自己做過這件事情。

從相遇、起念、準備、出發，到旅行的路途中，現在我們將這一千多個日子濃縮在一起，付梓成書，期待與各位分享。

最後感謝這一路上所幫助我們和一起做夢的朋友們，那一點一滴的支持都是使我和米菇能持續走下去的能量，謝謝你們用各種形式的愛去擁抱米菇。

感謝四塊玉文創給我們這個機會訴說自己的故事，也謝謝工作人員們在每一個時刻一起努力，只求這本書盡善盡美。感謝念平在出書前的這段日子，日日夜夜地陪我一起整理超級大量的文字，儘管她本身的工作已經忙碌到爆炸。最後感謝家人自我從小到大都支持且尊重我的決定。

特別感謝我的爸爸，謝謝你，當初願意讓我從街頭帶米菇回家，我愛你們。

賴聖文

CONTENTS

CONTENTS

CHAPTER 04
想陪妳，再久一點

CHAPTER 01

與妳，相遇

19 歲的那一年，
與米菇的初識

第一次遇見米菇的時候，我 19 歲。

打工下了班，就在停車場坐在機車上和同事們聊天，和往常一樣天南地北地亂聊。但是視線所及之處，有一隻黑狗一拐一拐的，一直在附近遊蕩。不時被人趕來趕去，我沒有辦法不注意這隻黑狗。

同事們開始互相詢問誰家可以養狗。「你家那麼多隻貓，應該不差一隻狗吧？」同事問著我。等到同事都紛紛離去，那隻狗還是在那裡，於是我在原地待著，看看最後有沒有人來把她帶回去。人愈來愈稀少，周遭也愈來愈安靜，我確定了那是無主的狗。

我拿起手機打電話回家，和爸爸說了那隻狗的情況。爸爸表示要先問一下媽媽的意見。5 分鐘後我接到了回撥電話，說：「你帶回來吧。」

於是黑狗就被我抱上了摩托車，也有了名字。

叫做米菇。
是女生。

把妳送走，
又把妳帶回來了

米菇剛到家的日子裡，我每天早上都匆匆忙忙離家上學去，留下她在家呼呼大睡。

回家後的我，也只是在一樓摸摸她，跟她說聲：「我回來了」然後就上樓回房間玩電腦，餵食大多也是爸爸在負責。

大概經過了 2 個星期，這期間米菇時常跑去對面的機車行找老闆玩，因為伯伯都會把好料留給她，所以有時我下課回來都看到她在對面，叫也叫不回來，漸漸地也就索性不管她，回到家第一件事依然是走回房間玩電腦。

機車行伯伯的呼喚

伯伯很喜歡她，一直想要我把米菇送給他，不知道他是開玩笑還是認真的。這樣的循環直到第四個星期，我和爸爸討論後決定把米菇送給對面的伯伯，畢竟他很喜歡她，也對她十分照顧，身為學生的我當時也覺得那樣對她比較適合。

送走米菇的第一天，米菇被拴在機車行門口、趴在騎樓及馬路間曬太陽，看起來很自在，陽光剛好會照射到那個位子，應該照得她很舒服。第二天我下課回家時，卻看見米菇趴在我們家裡，見到我時蹦蹦跳跳的。我問爸爸她怎麼回來了？爸爸說她

被拴在對面後哭了一整天，伯伯覺得不忍心還是把她放了回來。

那個時候的我沒什麼感覺，只覺得：「喔。妳可能過幾天還是會不停的跑到對面玩，玩到我叫妳也不會理我吧！」在那之後她雖然一樣喜歡跑到對面玩耍或曬太陽，但她只要看見我放學，就會跑回來找我。

現在想起這段回憶，我想打從撿她回家的那一刻，她就認定我了，認定是一輩子的對象，但我不會說這是一段主僕關係，而是她先對我的不離不棄。

不離不棄，
其實是妳先教會我的。

原來成為狗主人，是這麼一回事

在米菇出現之前、因為爸爸媽媽擔任貓咪中途照護者的關係，一直以來在我身邊的都是貓咪。不只一、兩隻，而是滿屋子的貓咪。最高紀錄時家裡曾同時有多達 63 隻貓咪，也因此我對於貓咪還算了解。但是當時的我對狗則是完全陌生！

一開始的時候我甚至不知道米菇需要出門散步，就照著養貓的方式養一條狗，每天定點清潔、定時餵食，每幾個月換米菇睡的舊棉被。當時與米菇其實沒有太多的交流，只當她是個蹭飯的食客，反正她也會自己跑到對面找伯伯聊天曬太陽，好像也挺懂得自娛，應該不用我關心。一直到兩、三個月後，我才開始學習帶她出門散步，也才在與公園狗友的交流中，正式開始「成為狗主人」的第一課。

我和米菇一起學習相處之道

對當時的我和米菇來說，人和狗的生活都需要重頭開始學習。

就如同前述所說，我對狗的特性沒有任何深入的瞭解。初次獨自遛狗並沒有如幻想中的上手，反而是挫折重重。當年的米菇還是年輕力壯的筋肉少女，舉凡被她拉著跑、暴衝、叫不回來、跟別的狗打群架、嚴重護食、騎別的狗（但是別人還不能騎她，真是雙重標準的極致典範）等等滋事份子兼叛逆少女的行

為，米菇都做過了。

但好在最佳養狗學習教室就是公園！遛狗的人們都會聚集在公園，時間久了，見過幾次面後狗主人們也會一起聊聊天、交換養狗心得與知識。透過與其他狗主人的交流，我才逐漸學會如何給予米菇合適的教養與照護。例如：如何正確拉牽繩、如何下指令、何時給予獎勵、怎麼訓練到戶外上廁所、如何分辨狗的情緒等等。每晚的遛狗不僅是米菇社會化的起點，也是我真正瞭解米菇的開始，雙方的默契、信任與堅實的情感，就在那一方小小的公園草皮上滋長。

另外有趣的是，狗友們彼此聊狗聊著聊著，往往最後也會變成聊人之間的事情，不只狗在公園可以交到朋友，遛狗的人們最終也真的變成了朋友，感情好的狗友們，甚至還會被邀請去參加對方的喜宴。帶著狗和狗友們互動，對當時年僅十幾歲的我在人際關係上的拿捏也很有幫助，這些點點滴滴的細微積累，最終竟也成了我旅行路上的助益，真的是當年始料未及的事情。

因為妳，
改變了我的生命

最初和米菇相識時我對她並沒有很深刻的感情（畢竟她就是個蹭飯的），但在米菇３歲左右時的結紮手術卻從此改變了我們的關係。

原來，我這麼愛妳

米菇結紮的當天被告知需要留在獸醫院觀察一晚，當時手術順利，但在醫院過夜時她麻藥退去後開始不安躁動，因為縫線問題使她傷口撕裂、大量出血。當天早上我還在工作崗位，接到電話，聽完醫生解釋過程，我只問了她存活機率有多少？醫生說她已經去輸血，狀況在慢慢地穩定，但是要再留院觀察３天。

３天後，我到醫院接回米菇。她的樣子看來非常虛弱、滿臉倦容、眼神露出悲傷，看得出往死裡走過一回。

撿到她的頭兩年，米菇是連我房間都不能進的，一來是當時家裡住透天，收留的貓咪不管是中途的還是領長期飯票的都在２樓及３樓。我的房間在３樓，房裡常有不同隻貓作伴，所以她都在一樓的餐廳店面和我爸作陪。後來搬了新家後，我的房間有個附有女兒牆的小陽台。米菇那時只能睡陽台，就算散完步進房間她想跳上床都立馬被我拒絕，直到從醫院接回米菇的那天。

米菇從醫院回來的這天,她拖著腳慢慢走進房間後,再度試圖伸出前腳想爬上床。這一次我沒說話、沒有拒絕,直接抱著她在懷裡睡著。從此以後她都和我睡在同張床上。就算在旅行也一樣,只要空間的主人許可,我們都會窩在一起睡。相對的,如果收到住宿的邀約但米菇不能一起同房睡,我也會謝絕。隨著日子經過,對她的感情愈來愈密不可分,直到現在幾乎是 24 小時的完全相處在一起,我才驚訝地發現自己的人生不知不覺已在任何時候充滿米菇,凡事以她為優先考量。從一開始偶一為之的疼惜,到後來的每一次搬遷、工作,乃至於旅行,米菇早已是我人生密不可分、不可割捨的一塊。

至此我才知道:當初撿她回家,我以為是我改變了她的生命,其實,她的出現也是來改變我的生命。

順帶一提,前年我問過老爸,問他當年掛掉我電話後的 5 分鐘內真的有找老媽討論是否收留米菇嗎?

他笑笑地說:「沒有。」

當兵時，
竟然老是掛心著一隻狗

男生一定得面對的就是當兵。當時我選擇加入傘兵的行列，遠在屏東受訓，只是沒想到，當兵期間我竟然老是想著在家裡的米菇。

由於屏東與桃園距離遙遠、搭高鐵來回也所費不貲，所以並沒辦法常常回老家探望。但是只要有辦法回家，我就整天帶著米菇，帶她從早玩到晚，一整天在外面瘋玩。

只是，通常迎接我的是一個被徹底咬爛的房間。

當時家裡主要照顧米菇的是媽媽。米菇的體型與力氣其實都不小，媽媽沒辦法遛她（簡單來說就是無法駕馭失控的筋肉少女）只好將就讓她待在我房間裡，僅把陽台打開讓米菇透透氣。米菇就這樣每天自己去陽台大小便，再回到房間裡窩著。沒辦法出門發洩的體力，就全部轉移到房間內的每一件物品上。每一次放假回來，房間都像被轟炸過一樣，得全部重新整理一次。睡不到幾個月的高級乳膠床墊也被米菇咬到連彈簧都出來見客，這件事我到現在都還懷恨在心。

儘管她如此難掰，在兵營裡的我還是會常常想到米菇。總覺得她一個人關在房間裡，不能出門跑跑跳跳好像不是個好選擇。

某回和同僚的一次聊天中，談到大家退伍後要做什麼？當下我不假思索地說：「因為我前面兩次環島沒有成功，所以我要再去環島一次。」然而話一說出口，我心裡卻突然同時出現了一個念頭──我要帶著米菇一起。

最後，她成了我的旅伴。

CHAPTER 02

決定，出發去旅行

旅行的萌芽，
18 歲考完駕照後

記得拿到駕照後，某一天停好機車在騎樓下放空時，突然想到
一個很天馬行空的計畫，就是找一個夥伴，一起騎車到每一個
城市生活，找份工作，租間公寓待上一陣子，然後再繼續往下
一個城市，不停地移動。

當時，這個念頭其實只短短出現在腦海幾分鐘，也根本沒將它
當作目標，我後來也忘了這件事。直到前陣子和朋友聊天時才
想起來。也很不可思議地發現我現在正做著這件事，只不過行
動方式改為搭便車，收入方式用短期打工及賣明信片，住宿靠
沙發衝浪，旅伴是一隻狗外，大致上都和當初的意念相差不遠。

一個不經意的小小意念，卻在幾年後成真了。

所以，不要小看自己的任何一個念頭，不要在乎它到底多大多
小，慢慢朝著那個方向走，就會像滾雪球一樣越滾越大。

出發吧！

環島，
還好之前沒完成

其實在這趟帶菇旅行開始前，我已經歷過兩次環島，但都沒有
完成。

19 歲的時候，剛買到第一輛二手摩托車。身為剛考完駕照不久
又有機車的熱血青年，一定會萌生機車環島的夢想。意念這種
東西很玄，當它開始埋在腦海後，相關的機會就會自然而然地
出現在生活中，只等待你去抓住，我 19 歲的環島夢就是這樣
的一個例子。在環島的念頭發想不久後，便剛好出現幾位朋友
邀約一同來場機車環島之旅，於是第一次的環島之旅就這麼莫
名展開了。

第一次環島，就進醫院

路途的啟程就像小時候看深夜蓬萊仙島節目裡面的姐姐，若隱
若現但卻看不到露點的興奮感。途中因同行夥伴必須提前回去
上班，在這樣的情況下我們不得已改變了計畫，從台中直接上
了合歡山，打算從中間切山路回宜蘭。環全島的計畫硬生生切
成了一個環半島計畫。

我們大約下午行經武嶺牌坊，路程中二度停下來問路。當地居
民都建議我們在山上過夜、白天再出發，不過當時的夥伴們都
堅持趕路。

然後我就坐救護車到宜蘭了。

從前不相信有人能騎車、開車還能睡著，這一次倒還真的親自
體驗騎到睡著的感覺，而且還因此出了車禍。夜裡躺在沒有路
燈的公路讓人感到無助。眼前只有朋友的車頭燈及後方大聯結
車的車燈映照著我，配著旁邊山壁微微崩落的土石，當下真的
覺得自己可能會被收掉。也慶幸當時聯結車和我們有些距離，

不然米菇跟我恐怕也無法再相見了吧！所幸最後遇到山上的義交開車經過，幫我們叫了救護車，而我最後則在宜蘭的急診室過了一夜。第一次的環島之旅，結束。

第二次環島，挑戰走路搭便車

第二次是當兵入伍前，這回想自己走路搭便車環島。當時僅是隨口和一位朋友提到想趁入伍前出去走走的念頭，沒想到對方居然就拋出了他及同事下星期要純徒步環島的計畫，想也沒想當然立刻 +1。

當你真心渴望追求某種事物的話，
整個宇宙都會聯合起來幫你完成。

我們的美好計畫是打算先坐火車到蘇澳再開始徒步行走，殊不知剛進台九線入口大家就走到快嚥氣，畢竟那是在 7 月中的盛夏溽暑。結果就是大夥開始沒志氣的舉起手攔便車了，說好的純徒步環島立刻夢碎。那同時也是我人生中第一次搭便車，也從此開始了在路邊舉大姆指之路。

好旅伴，比什麼都重要

好的旅伴比好伴侶還難遇到，就和去快炒店大部分時候都點不到好吃的薑絲炒大腸一樣。

在台東時旅伴 A 因走路走到燒檔，胯下痛到走路 O 型腿。晚上夜宿國小司令台時，他上網問了估狗評估傷勢，結果不知道他究竟查到了什麼，總之據聞他看到最嚴重的情況是蜂窩性組織炎，嚴重點可能連懶蛋都要切掉，所以隔天一早 A 就頭也不回地搭火車回家，放生大家。

旅伴 B 是旅伴 A 的同事，鑒於旅程出發前我們根本毫無交集，想當然接下來的路會不太好走。這種關係很像跟剛交往的女朋友還有她的閨蜜一起出去玩，你以為女朋友的閨蜜人也不錯相處，卻沒想到她是一個雞掰人。最後我們在墾丁分道揚鑣，我則因入伍時間確定而直接回家，結束了第二趟的環島旅程。

因為這兩次遺憾，才在當兵期間不停地醞釀環島的意念，始終想著有朝一日一定要把環島這件事情完成。

根據過去兩次的經驗我理出了二個大原則：一是不管發生什麼事絕對不趕路；二是旅伴寧可在路上結交也不事前結交，除非真的很了解彼此，不然很多時候會讓你想乾脆直接和對方斷交。

我選擇米菇當旅伴一來是不想讓她一輩子活動範圍只有局限在住處附近的公園及家中客廳；二來是她就算對我碎念我也聽不懂，不管怎樣不滿她還是會默默地跟在我身邊。

倒數 100 天

為了環島，我得讓自己和米菇都做好準備。

第一個準備，就是先工作累積點積蓄，再來就是鍛鍊體力了。

退伍後接的第一份工作是送冰箱與洗衣機，那時每天下了班回家後就帶著米菇去跑步。相較以往遛狗或踏青玩耍的零散隨性，有目標想執行的時候，總覺得與她更密切地在朝同一個方向努力。當時的米菇一跑可以跑上四、五公里，殊不知現在跑個 5 分鐘就開始找草皮翻滾，真不知是米菇真的老了，還是只是愈老愈油條。

除了積蓄與體能，初步的旅行計畫當然也是必備的。

以桃園中壢為出發地，規畫了幾個預計停留的大城市、預想搭便車的路徑，再厚著臉皮詢問沿途的親朋好友或當兵的同梯能否收留……

就這樣，環島計畫的輪廓漸漸鮮明，只差把米菇與我代入這項計畫，一切就會水到渠成了。

無論去哪裡，
都要帶著米菇

在正式出發旅行前，我找到了一份在花蓮鳳林的工作，當然也跟對方事先講好要帶著米菇一起前去。一切似乎都很順利，沒想到在出發當天，新工作的老闆特助打給我，問道：「那個……你那個狗能不能先不帶？」

此刻我正獨自一人在房間裡打包行李，想著行李該全部自己背去，還是部分郵寄？等等要去哪個交流道搭便車？卻突然接到了這麼一通電話。

對方解釋了很多，但也沒有堅決不讓我帶著米菇，只是問我說可不可以先不要。面對這樣的情況我也左右為難，猶豫著到底要不要先不帶，也考慮著先把工作的狀況確認之後再回來接米菇過去。於是，我打電話給老爸，問他能不能托嬰幾個禮拜至1個月。老爸沒有明確答應，只是為難地說：「好啦好啦！」

工作還是米菇的選擇題

聽到老爸回覆的當下，那聲音中的勉為其難使我心裡充斥著幼稚的情緒，想著：「既然那麼勉強，那就別顧吧！」但也在同一個剎那我突然更堅定了原本的決定。既然事情已經敲定了，那就不會改變。於是我打電話回去給特助，堅決地回覆：「我要帶她去。」

下定決心的過程其實很短，不到 5 秒鐘。殊不知那 5 秒鐘，竟在往後的來日成為左右我各種選擇的關鍵。從此以後不管到哪裡，我都將帶著米菇。米菇不會是那個需要捨棄的條件，各種折衷都不會與米菇有關。

現在回頭想想，當初對於這份工作這麼堅持其實還有其它的考量。我大可以就放棄這份工作了，然而鳳林的工作環境其實很好，有很大的戶外空間可以讓米菇盡情奔跑，這是我決定接下這份工作的主要原因之一。我不想要米菇在密不透風的城市裡生活，畢竟決定帶她離開，就是不希望她此生只見過家裡隔壁的公園草皮。

在這裡工作了 4 個月之後，我和米菇就正式踏上旅程了。

打包，
連妳一起

旅途中不斷循環的步驟就是：出發、停留、再出發。

剛開始旅行時，往往習慣在出發前把內心覺得會用上的物品全都塞進背包裡，塞得像在餐廳吃吃到飽一樣，明明胃已經撐到底，卻還要吃個甜點。正式上路之後，很多原以為會用到的東西其實都用不到，這些東西就在途中一一捨棄了。真正需要的東西只有走在路途中時才會知道。隨著時間及經驗的洗禮，我才一步步地把行囊調整成最適合我們的樣子。

自己的部分很簡單，幾件 T-shirt 、長褲、短褲及內褲，加一件薄外套，便可度過四季。米菇則不然，要準備餐具、保健食品、太陽眼鏡、睡墊、防水墊、毯子、藥品，以及少部分的乾狗糧以備不時之需。最後，就是滑板和擺攤的東西。

這些都是我們在路途中必備的物品，有不少多東西的選擇考量，也是以多用途為優先。

上路，只帶需要的，而不是想要的。

上路，
只帶需要的，
而不是想要的。

不需要買一張單程機票到另一個國家，
不需要貼上壯遊或 Gap Year 的標籤，
不需要為了失戀失意才出發。
不需要非得環遊世界，
更不需要跪著都要完成。
只需要讓自己保持流動，不管是什麼型態，
都一樣是出走。

CHAPTER 03

我們，這樣旅行

旅行，
真的不必跑太遠

在還沒出發旅行之前，總以為要出國去很遠的地方才可以看得
更多。但出來之後發現，其實周遭的一切都是可以讓自己學習
與吸收的養分。差別只在於自己有沒有用心去看。

一顆保持流動的心，比去過多遠的地方還重要。

對未知的路途，好奇和害怕的情緒總是並存的。在欣賞眼前的
風景時，總會同時害怕接下來是否有地方住、怕下一餐沒有著
落、怕往這個方向會不會走很久都搭不到便車……

選擇習慣的事情往往會讓自己感到比較安全，但卻少了生活的
張力和驚喜。經歷了這一路上的害怕，每一次卻都在準備放棄
的關鍵時刻，下一秒就峰迴路轉達到目標。

久了久了也不怕了，順其自然總會比杞人憂天來得實在。

當然，最重要的依然是身旁那個伴，給予你繼續往前走的能量。

背包、滑板，加上妳，
已經是出門的標準配備，
缺一不可。

腰上的牽繩除了確保妳的安全以外，
也象徵著我們密不可分的連結。

一路上，
米菇怎麼吃

食衣住行，「食」永遠是人活著最基本的首要需求，對狗來說當然也是。

和米菇在旅途中除了為住宿和交通煩惱外，吃什麼、怎麼吃也是門學問。一開始身上盤纏不多時，我們會一餐買一份便當，主菜的肉就用水沖一沖去除鹽分，再配點白飯給米菇吃。開始做臨時工有點收入後，就後會到市場買一些賣相較差、被包成一包一包販售的綜合蔬菜，再到超市買點打折肉品，最後通通丟進電鍋加熱做成一餐。

由於不是每個住宿點都能自己煮飯，所以大多數的時間我們還是以外食為主。

大城市許多餐飲店家門口都貼著禁止寵物入內的標語，甚至小吃店也是。所以我的每一餐大多都是外帶和米菇到路邊吃，米菇也順便一起吃。遠離大城市的東部及外島餐飲店家相對對動物友善的多，甚至很多店內本身就有養貓養狗，這時才能放心地帶米菇一同入店用餐。

米菇專屬鮮食好料

懂得謹慎運用金錢後，米菇的伙食也有逐漸升級的趨勢，從單

純的乾飼料慢慢演變成罐頭或是水煮肉混飼料。米菇罹患癌症後也讓我開始意識到飲食營養的重要，從此開始學習辨別飼料的內容物及蛋白質的含量，也漸漸開始烹煮鮮食搭配適量的保健食品，只為給米菇充足的營養。

鮮食的食材內容包羅萬象。主要以肉類當作主食，雞肉、羊肉、牛肉、瘦豬肉，偶爾也吃點鮮魚，搭配上地瓜、南瓜、馬鈴薯、紅蘿蔔或十穀米當作澱粉基底，最後再加上一份蕈類、二種蔬菜，有時再加一樣水果。要謹記什麼東西狗不能吃、什麼蔬果保留果皮可以增加營養素、雞腿去掉雞皮才不會過油、肉料要斷筋才不會卡死攪拌棒……最後將全部的食材丟進電子鍋蒸成一鍋鮮湯，再與蒸好的澱粉一起攪打成綿密細緻的鮮食泥，就是美味營養的一餐。

直到今天，逛超市已成為我和米菇的日常。

米菇總是在超市門外靜靜的等我採買食材，有時等到受不了還會偷跑進來，收銀人員還會廣播詢問這誰家的狗，我就得在大庭廣眾下衝到店門口抓狗邊賠不是。

總之談到吃，米菇總是吃得比我還要講究。

途中
豎起大拇指搭便車

當你看到我豎起大拇指

如果要問我旅途中遇到最困難的遭遇是什麼？或是有沒有想要放棄的時候？我想莫過於是旅行剛出發不久時，一趟前往苗栗及進入苗栗山區的經歷。

當時我們從新竹出發一路搭便車到苗栗，為了去睡山上的國小——泰興國小及梅園國小。為什麼會選這兩個地方？其實純粹只是因為看朋友拍的照片覺得很美。

因為這兩個學校位處偏遠，而且路途不經過市區，因此我們得先想辦法抵達大湖，方法就是得沿著台三線，在路上不停地攔車。有時候走了長長一段路才停下來攔車；有時候走了短短的幾分鐘，就伸出手攔車。途中當然還是會定時停下來喝水，順便檢查米菇的狀況。在其中一次休息時發現米菇的腳有點小破皮，當下決定等休息過後，認真攔便車，免得米菇腳破皮的情況愈來愈嚴重。

因為是鄉間小路，來車不多，甚至僅有的幾台車也都沒停下來過。當我們在百無聊賴之際時，來了輛藍色小貨車。在搭便車的途中其實很樂於看見貨車，因為他們停下來的機率最高，而且坐在敞篷的後座吹風很舒服，當然如果是夏天正中午又是另外一回事了。

請不要再跟我比讚了

於是，我舉起手比出搭便車的手勢，期待著來車打出靠右的方向燈停下來問我們：「要去哪裡？」結果換來了正副駕駛座的雙人將手打直伸出窗外，同時跟我比個「讚」的手勢，然後呼嘯而去……

這是旅途中第一次感到最無奈的挫敗。

在這台逗趣的貨車之後攔上了另一輛車，車主是一位正要去接小孩放學的爸爸。因為要接小孩，所以並沒有載我們很長一段路，但至少載我們到了可以接國道三號往大湖的交流道。

在交流道攔車也花了不少時間，而且我們就站在分隔島的尾端……這有點危險我知道，但沒辦法，因為往國道三號的車必經之路就在那裡。

攔了近 20 分鐘，滿滿的車潮持續經過，卻沒有車願意停下來。最後總算停下的一輛車，車主是兩位剛下班的上班族。他們載我們往大湖前進一段路後，時間已經是傍晚六點多了。當時我心中盤算著，如果今天上不了山，就乾脆找間警察局過夜吧。於是我繼續邊走邊看著手機地圖導航，然後試著攔車。

小男孩說：「要等我們回來哦！」

我知道米菇其實也累了，她時不時想趴下休息。就在下一秒即將決定要放棄上山、直接睡警局時，攔到了一輛休旅車，裡面坐著一對原住民夫妻跟一位小男孩。和他們說了我想去的方向

後，發現他們家正好就在山上，所以可以直接載我們到要過夜
的國小，但是他們要先去醫院看醫生，所以就先讓我們在山下
的超市門口下車。

離別前小男孩搖下車窗說了一句：「要等我們回來哦！」我點
點頭目送他們離開，將沈重的背包放下，拿出零食和水給米菇，
之後便一起坐在地上背靠著牆休息。

就這樣時間過了將近 2 小時，依然沒有看見他們的影子。我想
著：「會不會就這樣被放鴿子了？」同時開始觀察附近有沒有
地方能讓我們過夜。籌畫著備案的同時，我的腦海中突然閃過
小男孩稍早前在分別時所說的話，那稚嫩的童音給出的承諾使

我決定繼續等下去。沒想到,這個念頭才剛閃過 5 分鐘不到,
休旅車就出現了。

搭上他們的車一路上山,陽光已無一絲生命,只剩下黑夜吞噬
著整個山區。接下來這個晚上的經歷,可以登上夜宿難忘回憶
排行榜的前幾名!

不斷攔車的迷濛夜晚

2017 年冬季某天的凌晨一點半，我和米菇站在屏東楓港往台東的台九線上，等待那台載我們到目的地的便車。

那一天的旅程預計從台南出發前往台東。因為路途遙遠，我們白天就啟程到仁德交流道攔便車，希望能在入夜前到達東部。才攔了不久就停下一位要往高雄送貨的大哥。他說能載我們到高雄與屏東的交界處，不過要先陪他一路送貨。

這當然沒問題啊！

各色車主，各種狀況

在車上聊開後才知道大哥也是傘兵的學長。男生聊當兵，話匣子一開根本沒辦法停下。大哥開心地說要請我們吃飯，帶我們去吃了高雄一間有名的小吃，轉眼間和他別離時已經下午 4 點。我們在大寮被放下來後，繼續和米菇邊走邊攔車，但卻遲遲沒有車停下。

我蹲在某個路口給米菇倒水，後方出現一位準備倒垃圾的大哥。他說可以載我們一程──如果你不介意是靈車的話。

當下我其實內心很澎湃，想著旅途中搭過的車種要增加了嗎？可以在活著的時候搭到靈車好像是一種人生成就！結果下一秒就停下一台特地為我們迴轉的尋常貨車，我們只好默默跳上車

繼續旅程。這位貨車大哥說他其實時常到台東去衝浪，只是不巧這次沒有到台東。

大哥在屏東長治把我們放下後，接著遇到了一對情侶。他們載了我和米菇一小段，最後停在交流道口，告訴我們往下走就能繼續向南移動。結果我們在那繼續攔了一個多小時的車後，停下來的車主說這個方向其實是往高雄……

特地來載我們的車主

重新詢問當地人才矯正了旅途的正確方向繼續向南。

當時已經傍晚 5 點半，天色漸漸暗下，身體也開始產生了疲憊感。一步一步踏著負重 30 公斤的步伐，邊想著是否要找個空地暫時落腳休息時，旁邊停下一輛車，車主搖下窗戶說：「上

車吧！」雖然還在困惑之際，但身體已老實地和米菇主動爬上車。車主說著她是從地方的 FB 社團看見我們的訊息，特地出門來找我們的。

短短的路途，我們在車陣中被對向的車燈照耀臉龐，一會明一會暗，在行進中分享一切我們旅途上的故事。後來我們在屏東北邊的某個昏暗路口被放下，繼續等待下一輛載我們到目的地的車。此時已經晚上 8 點了。

大概一個多小時的等待過程中，沒有攔到半輛車，倒是收到一對情侶送的柳橙汁。大口飲下後雖然勉強打起了精神，但身體的疲憊仍讓我不堪負荷，便將行囊通通扔在地上。

後來總算停下一輛願意載我們到接近枋寮的車主。車主順口問了我們願不願意去和他的朋友們共進晚餐，我因為沒吃晚餐便順著答應了，沒想到這群朋友們是一群活潑可愛的越南籍新住民姐姐，還見識到了越南姐姐發酒瘋的姿態。雖然很開心地享用了道地的越南料理，但晚飯結束時也已經半夜 12 點了……

後來好不容易才攔到一台願意載我們到楓港的大哥。大哥一開始還堅持著要載我們到火車站（即便當時根本沒有車），好不容易才說服他載我們到原定的目的地。楓港是南迴的入口，所以到了楓港後，基本上之後停下來的車一定會到台東。此時才總算覺得台東離我們不遠了。

冬季入夜的屏東連空氣也是冰的。強風吹著拂我們的臉，昏黃的路燈讓一切景物變得迷濛，台九線的彼端融在夜色中看不到

盡頭，大貨車一台一台的經過，卻絲毫沒有要為我們停留的跡象。我仰頭看著大片晴朗的星空，心裡卻一點也沒有攔不到車的憂慮。

過去的自己面對此情此景大概會焦躁地想著大半夜還攔不到車該怎麼辦？但其實更糟的我們也已經都經歷過了。我與米菇曾在濕冷的雨天裡走著路，不僅攔不到車，還被行經的車子濺起的髒水噴了滿頭滿臉。

在外流動的這些日子裡，我早已明白順其自然總會比杞人憂天來得實在。古人需要靠星星去辨識自己的方向，但現在我們只要找到一盞發亮的路燈就能朝著目標的方向前進，而最後攔到的那台車終究會載著你去到心之所向的地方。

凌晨兩三點時，我們總算攔到一輛往鹿野的便車。從聊天的過程中得知車主是在鹿野經營民宿的民宿主人，我們聊著聊著，穿過蜿蜒漆黑的山區。因為彼此相談甚歡，且到台東市區的時間已晚，忘了是主人主動的邀請還是我厚著臉皮的提議，總之最後我們宿在了車主經營的民宿。抵達台東時，天光已微亮，我早已忘了再舉起左手看手錶上的指針。

就這樣，我們以 7 台車、18 個小時的車程與等待，結束這漫長的一天與那迷濛的夜晚。

流動的過程中

流動的過程中，剛開始時常會因為接下來路途上的種種不確定，而充滿焦慮，但其實自己也不知道是在擔心什麼。

搭便車時大多時候會選在筆直的大馬路旁。放下後背包，接著把米菇挪到背包前，好讓經過的車輛可以清楚地看見我有什麼行囊，更重要的是還附帶了一隻活生生的狗。然後舉起搭便車手勢，看著一台台的車輛駛過，不會知道哪台車會為你停下來。就算車子停了下來，也可能因為和車主目的地方向不同而只有一面之緣，要搭上一台順風的便車一切講究天時地利人和，看起來隨興、隨意，但其實冥冥中自有安排。

每一次的相遇都是因果

每一次的相遇都有直接的因果關係，因為上一台車才會遇見下一台，故事的樣貌就交由命運決定。

雖然我們素未謀面，但共處在小小的車內空間卻彼此不會有疙瘩。跟車主們大聊自己的故事同時，也聽著他們的每一段故事，聊工作、聊感情、聊貓、聊狗、聊有沒有吃過長在牛糞上的香菇……路程長短決定故事的長短，可以瘋狂大笑也可以只有三句話，甚至也可以用整路的呼呼大睡代替交談。

我可以放空、可以吹風、可以挖鼻屎（記得彈出車外）、可以用身上的零食交換當地的名產，對方也可以抽煙、吃檳榔、玩手機。

只要下車時記得帶上背包、滑板跟狗，注意米菇要吃飯或拉屎，然後記住與人們交會時互放的亮光就好。

應該是米菇一路上最愛的路人

某個夜晚我們正從花蓮往向恆春的路上移動著，晚上 8 點還卡在台東不知名的馬路邊。途中遇見一個阿伯騎著車，還特地放慢速度騎到旁邊對我說：「孝年ㄟ，ㄇㄟ ㄎㄧ 抖？你這樣滑著滑板，身上背著黑黑的東西會嚇到人啦！」

那時在路人眼裡的我大概就是座移動的難民營，背著大背包跟一坨未知黑黑物體在馬路邊滑行，還到處跟別人揮揮手（其實是搭便車的手勢）。

後來有位阿伯看到我們後停下機車，從對話得知我們要去恆春，便直呼我們今晚不可能到那裡。「我載你們去警察局，警察們會幫你啦！」阿伯自信地扯開嗓門說著。

接著阿伯先繞回家拿了一顆全麥饅頭，特地說明要給米菇吃之後，再載著我們駛向台九線上的警察局。因為放了全副裝備加上我們的重量，還導致摩托車的輪胎有點凹陷，整個組合看起來就是個會被警察關心的危險駕駛實例。

被送到到警局門口後，我向阿伯致謝。阿伯問我身上錢夠不夠用？我正回答著夠用的同時他已經抽出了一 1000 元交到我手上，接著帶著滿滿的笑容對我說再見要平安，然後就噗噗噗噗地騎走了。整個過程就像是一場夢一樣。

後來我們在警局泡了 2 小時的茶，米菇也花了同樣的時間在睡覺。離開警局後再換了 4 台車才在半夜抵達恆春。

開頭說過了因為上一台車才會遇見下一台，每個事件的因果其實總是被緊密地連在一起。看似被卡在某個地方時，事實上是為了等待那個注定帶你去目的地的人出現。

別急，反正總是會到。

饅頭給米菇！

米菇的磁場

某次在關廟交流道下車後，看著手機地圖離市區還有好一段距離。那時雖是車流量大的時段，但攔了近半小時都沒有車停下。後來停了一輛貨車，車上的伯伯問我要去哪？我和他說到市區就可以。

米菇一上車就靠在對方腿上，伯伯也摸摸她，邊說著他也養了六隻狗。最小的 1 歲，最大的 15 歲，每一隻都有自己的專長。有的可以跳過一米八圍欄、有的會挖洞出去玩，也有的會爬網架逃家。還說公狗很愛跑出去玩，母狗比較會顧家……

我們一路聊著天，配著即將西下的夕陽。

問及伯伯之前是否也載過其他人？他說載過的以外國人居多，也說著在特定的時間點能相遇就是緣分、能幫忙就盡量去幫忙，總比車開過去了卻把這件事一直放在心裡好，也提及其實大概看對方就知道此人是另有目的，還是真的需要搭便車。

「或許就是磁場問題吧！」伯伯下了個結論。

後來才知道伯伯其實就住關廟附近而已，特地載我們一程進市區才又折返回家。

每停一次紅綠燈伯伯就搓搓米菇，米菇也不時會舔他幾下。

喜歡這種單純的跨物種平等相處。

信任

據本人不負責任的主觀經驗歸納：會願意讓我們搭便車的車主，許多都有載過其他攔便車的人的經歷。有人載過離家出走的單親媽媽、有人載過半夜不知道要去哪裡的尼姑，也有人載過死不下車的歐巴桑。以上這些都還好，最慘的是好心載人一趟，卻被偷了手機、錢包。

一位載過我們的媽媽說：「以前如果看到一個人走在路邊他們都會主動去問需不需要幫忙，但現在不一樣了，很多人就算願意幫忙也害怕受到傷害！」

一路走來，我們實際遇到許多熱心幫忙的陌生人，沒有他們，

我和米菇的旅程便無法順利走下去。我相信這個社會上十個人有九個是樂意伸出援手幫助別人的，只是善意被那些屈指可數的有心人士給濫用了，而媒體只專注在播送那些負面的事，使善意的人心灰意冷、將心門關上，事實上還有更多的好事及溫暖的事都在這個充滿愛的小島上發生著。

雖然那些車主們曾經被偷過被騙過，但當我在路邊舉起大姆指時，他們依然打出往右的黃燈然後停在路邊，搖下車窗問道：「你要去哪裡？」

有人問過我：「你搭便車都不怕遇到壞人嗎？」
「別人都敢停下車了，你還要怕什麼？」我回答著。

只怕你不敢去嘗試。

在搭便車的路上

在搭便車的路上米菇總是會坐在後座左側的位子，因為一攔到車就會要她先上車以策安全，下車則是等牽繩繫上後才會把她抱下車來。

如果後方的位子有其他乘客，她就會趴在對方的大腿上睡覺或撒嬌。

我很喜歡看米菇望著旁邊的窗戶，或站在主副駕駛中間看路上風景的場景。不知道在她眼裡的世界是什麼樣子，唯一能確定的是我知道她很開心。

夏季的豔陽天裡，當車主載我們到目的地要下車時，米菇往往都不願意下來然後睜大眼睛吐著舌頭看著我，只想要繼續在車上吹冷氣，最後才心不甘情不願的被我拉下車。

如果現在問我下一站是哪裡，我沒辦法給出明確的答案。

對我來說重要的是能和米菇一起在每個地方流動，然後一起攔著一台又一台不知道接下來會遇到什麼故事的便車。

給辛苦的貨車司機們

回顧在路上搭便車的經驗中,最常搭到的車種莫過於貨車,從一般的藍色小發財車到 43 噸重的大頭車都有。這些貨車司機們一天之中大多數時間都在路上奔波、認真負責地完成他們的工作。

幾次在東岸時與貨車司機們聊天,發現他們在路上時總是擔心小車在後頭逼車及超車,尤其是在轉彎處時。基本上司機們都知道自己開不快,特別是在承載滿車貨物時,所以在道路較寬

時他們都會盡量開閃黃燈並退到一側讓後面的車輛通過。但還是有很多輛車在車道不寬、甚至轉彎處時硬要超車。這樣的舉動非常容易造成車禍，且這種車禍一發生後果都絕對比在市區道路上發生的車禍還來得嚴重，不管人或車往往都落得支離破碎的下場。

司機的辛苦不只在行進中，也體現在他們的休息時間中。

其實司機們有許多時候是睡在車上的，因為有時路程比較長、無法當天來回，不得已只好將就睡在車上。那怎麼睡？車頭大一點貨車的在座位後方有個平台可以讓他們躺直睡下，但車頭小的就只能在正副駕駛座之間鋪一塊木板充當床板。

希望藉著我們的經歷，提醒大家往後在路上，尤其是山間道路時，請體諒貨車司機們。因為有他們在路上辛勤奔波，才成就我們生活物資唾手可得的榮景。日常中的食衣住行與柴米油鹽幾乎都仰賴他們的運送才得以維持。好的司機不是在極快的時間將貨品送到目的地，而是讓人車都安全地到達目的地。

謝謝辛苦在路上奔走的司機們。

為米菇而停的車

帶著米菇搭便車 3 年多了，最多人的疑問是：「帶著狗，好搭便車嗎？」

路上各種大大小小的車我們都攔過，小至摩托車，大至有加掛拖板的大頭貨車。攔車成功的機率又依時間地點不同而有所變動。幸運時 5 分鐘就招到一輛，到下一個點等待不到 10 分鐘又停了一輛，聽起來很順對吧？

我們曾在路邊等了 2 個多小時連半隻貓都沒看到，也曾遇過路上車流量很大，但一輛都沒有停下過的望車興嘆窘境。剛出發開始旅行時，我對於攔不到車這件事情的得失心很重，尤其是在走了一整天，心力交瘁的狀態時更是如此。

直到後來我發現一個很有趣的規律。有時車子就是莫名可以一輛接著一輛順利地搭上，不過這樣的車子通常能載我們的距離都偏短，也許只會行經一個鎮或幾個街口；有時耐著性子等待一、兩個小時，最後停下來的車反而都會剛好載我們直達目的地。所以現在和米菇在路邊攔車時，我已不再倉皇或焦慮，當下只會平靜地做兩件事：一是在有車經過時舉起大拇指攔車，二則是跟米菇聊天。

我們為甚麼要選擇便車當作交通方式？

因為這是我和米菇能一起行動最好的交通方式，而我自己也享

受那種不知道下一輛車會遇到什麼樣的人、什麼樣的故事的未知感。

對了，很多車其實都是為米菇而停的。

若只有我一個人的話，即便我穿熱褲露大腿，大概依然沒人理會我。

移動工具大升級

最初接觸到滑板是在與米菇旅行後的第二年，某次在花蓮文創園區遇到偷聽我和別人分享旅行故事的路人。

為什麼知道是偷聽？因為對方自己來搭話，說著因為聽到我分享關於搭便車的經驗，她也想和朋友一起試著從花蓮一路搭到墾丁。後來在採納了我的意見之後，她們也成功的靠著搭便車到達墾丁。

我們第二次見面時，她正和朋友在學校的籃球場練習滑板。由於自己在旁邊看著也無聊，便上前問了上滑板的技巧有哪些，殊不知簡單踩著踩著就往前滑了。知道自己的平衡感比預期狀況好後，立刻開始動了是否可以背著米菇一起滑滑板的歪腦筋。米菇被我扛上肩後，雖然一臉不甘願，但還是靜靜地趴在肩上。

成功滑出第一步之後，我從此將滑板奠定為我們旅行的標準配備之一。

帶著滑板，上路

在學會滑板後的隔一週，碰巧在某次活動的場合上遇到一位新朋友，他帶著一張比我看過的短滑板還更長的滑板，詢問後才知道那東西原來叫做長板（Longboard），是比短滑板還更適合在馬路上移動的交通工具。站上長板後發現它比短滑板還要來得穩定，背著米菇滑更讓人得心應手，不到一星期我立刻就

買了一張二手長板開始練習。那時和米菇正在恆春生活，每天我下了班就背著她在恆春的小街巷弄裡遊走，練習平衡及背米菇滑行的穩定度。

當然，單純安逸的練習還是不比真正上路的淬煉。

習慣滑長板大約 3 星期後，剛好放了幾天假去高雄找朋友，這一趟路背著全裝（20kg 背包）、帶著長板及米菇一路邊搭便車邊滑板從恆春北上。路途中凡是遇到平路我就會上板滑一下去習慣負重與否的差別。因為滑得速度不快，就用牽繩拉著米菇、讓她在馬路內側奔跑當運動兼拉車的馬，滑累了就找個陰涼處休息兼攔便車。

一路到高雄後看了手機地圖，離目的地大約 7 公里，這種要近不遠的距離加上進入市中心搭便車的困難度提升，便讓我萌生邊走邊滑到目的地的念頭。然而在快接近目的地時，當時儘管精神狀態良好，我卻忽略了自己的大小腿肌肉還沒適應這種量級的背負，結果便是下一秒直接軟腳、華麗轉身摔倒在地。

人在危急之際看到的景象果然真的是用慢動作的速度在播放。

在那短短幾秒的過程中，我當下在腦海裡還有餘裕思考著：如果往後摔米菇就會被我重重壓在地上。所以在往

後倒的 Slow motion 中，我把米菇從右側肩膀斜切放倒在地，以降低她的受傷機率。

倒在地上的我腦筋空白，安全放完米菇後想著滑板不知道噴到哪裡去。在我狼狽起身撿回滑板，正厭世地想著不再滑板時，路旁突然停下一台休旅車打開車窗問道：「你要不要搭便車？」上車後才知道車主原來從我背米菇滑到摔板再狼狽起身通通看進眼裡。車主接著說：「如果你沒跌倒，我也不會載你，跌倒就真的代表你累了，哈哈！」

擺攤也少不了滑板這個好幫手

長板在之後也成為了我們擺攤必備單品。在擁有長板前擺攤時往往都是到當地附近找紙箱當放明信片的桌面，設備相當簡陋。有了它以後我們既能在城市中短程移動，也能隨時隨地的開始擺攤。天氣熱時還能讓米菇坐在上面等車，自己走累時還能坐在上面稍作休息，長板的好用程度真是堪比摺凳。

很多人會問：「米菇會滑滑板嗎？」

事實是我曾多次嘗試教她滑滑板，但她大概是咬定我會背她滑，所以總是沒有要積極學習的意思，說來說去還是總歸一句別人的狗比較上進，唉。

途中
旅行中的每一夜

該怎麼睡

出門在外時，該怎麼獲得良好的睡眠品質其實極度重要。睡眠的好壞除了直接影響自己精神狀態及外在樣貌的呈現之外，還會連帶影響我照顧米菇的品質。

但在目前主流的旅行模式中，帶著狗很難找到好的休息空間，許多青年旅館聽到有狗就直接打槍、拒絕入住。也因此，我從一開始旅行就做好了睡路邊公園也無妨的心理準備。旅行初始之時，當時一路拜訪過去當兵時的同梯朋友家，後來就漸漸沿用了沙發衝浪的方式找尋可以收留我們的沙發主。沙發主的範圍也從親朋好友逐漸演變成形形色色的熱情陌生人們。

找尋沙發主的過程一切隨緣。用社群網站找、路邊擺攤時邊擺邊問、在當地認識新朋友被撿回家，甚至搭便車時直接和車主回家……只要有機會一定不會放過。

我們對睡眠空間的要求也很簡單，只要能遮風避雨，基本上已滿足八成的條件，然而即便滿足了遮風避雨的條件之後還是會發生許多意外的狀況（事實上剩下的兩成不可抗力之因素就是以下各種故事的來源哈哈），例如曾發生過沙發主家的其中一隻狗情緒不太穩定、在某天突然和米菇打架。為了隔開他們，我硬生生被對方的狗咬了 3 個洞，還被送進醫院急診室。

靠著這樣乍聽之下很不穩定的沙發衝浪的住宿方式，儘管出發

到現在已 3 年多，我們卻都很幸運的沒有睡在路邊過，但直到
今天我還是一直保持著可能會隨時睡路邊的狀態。

山中的乒乓球教室

先前提到一路上雖然都抱持著隨時可能睡路邊的狀態，但實際旅行到現在除了睡午覺以外倒還從來沒赤身在路邊睡過。

真要說的話，印象最深刻的一次住宿經歷大概就是位在苗栗山上小學裡的乒乓球教室那次（對，就是搭便車搭得很辛苦那次）。那天一路從新竹搭便車，晚上 10 點多抵達這所小學，到校時周遭已一片漆黑，只剩走廊慘白的日光燈還亮著，無緣見到傳說中的校園美景。筋疲力竭的我與米菇被一群留校自習的小學生包圍，像看動物園的紅毛猩猩一樣好奇地圍觀著外地來的我們。因為怕在山上餓死，在上山前我準備了數條巧克力當作糧食。此刻為了表示我是一隻友善的紅毛猩猩（？）便主動將部分的巧克力拿出來和他們分享，沒想到部分瘋狂的小朋友吃完後還繼續搜刮我的背包，只有一位小朋友拿了自己的零食和我分享。

超美校園的夜晚，一點也不美

在前去拜訪之前，學校的主任原本答應我們可以留宿校園，但其中一位住校的老師不僅一開始不同意，到後面更執意要我簽切結書，深怕我們偷走課桌椅或教室器材之類的（我到底要那些東西幹麻？身上滿滿行囊加一條狗早已快讓我斷氣）

好不容易安頓下來後，在教室裡找了塊帆布，鋪好我和米菇的睡墊。上山之前已有預料到山中溫度會比平地低溫，便將準備

好的緊急避難毯拿出來鋪在我和米菇身上。闔上眼準備入睡時，緊急避難毯的確有達到保暖作用，但因為毯子的材質很像玻璃紙，輕輕動身就會發出清脆響亮的聲音，使得我們在這情況下難以入睡。「這東西果然還真的只能用在緊急狀況的時候。」我心想，同時間也發現米菇即便披上了毯子仍冷到發抖，便把整件外套包在她身上。於是我們就這樣相依為命地抱在一起抖到天亮，大概抖到清晨 5 點多，便因受不了而起床整理行囊，繼續前往下一個目的地。

結果我根本無法感受到這校園的美……

絕望中的光芒

原本預計要在美麗的苗栗山上小學待上一、兩晚，但因為不敵夜晚的山區氣候，又遭受到學校小朋友們的熱情關懷，只好和米菇倉皇地逃出校園，決定當天再搭便車下山回到市區。

雖然順利攔到了一輛直達市區的車，但蜿蜒曲折的山路卻讓我再度暈車和昏迷。到市區後本想借問警局是否能借宿，和一位警察泡了一輪熱茶配水果後，警察表示因為有女警住宿所以局裡不太方便，但別離時他推薦了一間有香客大樓的大廟，距離此地大約有一個半小時的路程。我們慢慢朝著大廟走去，路途中當然也不忘觀望其他可能留宿的地點。

走不到 10 分鐘就看見對街有間三山國王廟。衝著自己是個正港客家人、想看看有沒有這個緣分被收留，我便帶著米菇走進

了廟門。進到大門後出現一位像廟公的伯伯，口中帶著酒氣和我對話。和他說明來歷後他笑著說：「沒問題啊！」隨後便邊介紹環境邊領著我走到地下室。他指著地下室靠牆的小舞台說我們可以待在那，又接著說不介意也可以跟他同房。

「別擔心我不會我對你怎樣的呵呵。」伯伯說著。

如流星般快速消逝的留宿許可

短時間內就順利找到今晚的住處讓我安心不少，但當我們正要上樓準備安頓時，出現另一位像廟婆（？）的阿姨。她很激動地要我們離開、不許我們在這過夜，伯伯一邊說沒關係不用理她，一邊跟阿姨對話，最後兩人索性直接在大廳吵了起來。事情演變至此，眼看此地不宜久留我便帶著米菇離開了這曇花一現的住所。

一路走著直至傍晚時分，途中經過一間教堂，我瞥見教堂的門口有一張長椅，便先把它列入 B 計畫，思考著如果香客大樓沒辦法過夜，就回來睡教堂門口。

快接近香客大樓時，我們穿過一座高架橋下的小公園，正值極度疲累之際面前出現一位騎著機車遛貴賓狗的阿伯。對方的狗沒有牽繩又一路朝著我們吠叫。米菇心情也和我一樣不耐煩，便用頭把他撞開，貴賓立刻在地上滾了兩圈。主人看了立刻停下機車上前理論。就這樣，一個在人行道騎機車又未繫狗繩遛狗的人嚷嚷著說要報警。我見情勢相當明確，便說：「你就去報吧！」結果阿伯沒報警，只要求我道歉（蛤？！）雖然很不

願意助長他的氣焰，但在不想浪費時間的前提下，還是選擇和對方道歉繼續往下走。

走到看見大廟時已完全入夜，結果因為米菇的關係很不意外地被大廟拒絕入住。我頹然地坐在廟門前的階梯休息，邊絕望地想著今晚要睡教堂長椅時，突然從眼角餘光發現有人在窺看我們。

帶來好運的咖啡店老闆娘

那是一間轉角咖啡店，老闆娘正隔著玻璃窗注視著我們。我看著老闆娘為了觀察我們，由坐姿轉成站姿，又從原地走出店門繼續看著我們。我心想著：「反正也沒事，就去和她打聲招呼好了。」沒想到她直接請我們進去喝杯咖啡。與老闆娘介紹自己後，她表示雖然想幫我的忙，但帶我回家怕自己的兒子不放心，而店面也因為沒有衛浴而不適合借宿。

算了，一整天被拒絕也習慣了。

後來店裡來了一位客人請我們吃了豆花，接著又來了一位媽媽。人們來來去去，此時此刻我已累到一切都不想管，靜靜倚靠在沙發上小憩，正要睡著之時，聽見一位中年男子的聲音，問著：「你們這邊是不是有人要找住宿？」

原來是剛才進來的媽媽聽完我們的故事後，把消息放在苗栗人的社團裡，那位大哥就是看到訊息後主動來找我們的。大哥有一間還沒退租但目前無人使用的公寓，便將我們帶到公寓後交給我鑰匙。

這是我在路途中，第一次收到陌生人交付給我的鑰匙。

本來怕過度打擾人家，只預計待上一晚，大哥卻說：「你這一
路很辛苦了吧？多休息幾天沒關係。」最後我和米菇總共待了
4 天。白天就在老闆娘的咖啡店裡，晚上就和那位媽媽與她兒
子去逛夜市，提供我們住宿的大哥下班後也會帶我們去附近繞
繞。中間還認識了一位麵包店的老闆娘，她慷慨地給了我們兩
大袋的麵包，深怕我們餓著。

人在絕望之時會有萬念俱灰的想法，但不撐到最後一刻，永遠
不知道轉機會在什麼時候出現。

在公園被撿回家

出發旅行第二個月的時候,米菇在台中的獸醫院被驗出一顆長在唾腺上的惡性腫瘤。動完手術那陣子我把當時的打工辭掉,想全心陪伴、照顧她。每天起床後我們會找個公園待上一整天,一起散散步、找一塊草皮睡午覺,或認識新的狗朋友們。

有一天,我們遇到一位來自香港、在台灣定居多年的姐姐,帶著2隻米克斯在公園散步。和姐姐熟悉後才得知她一星期後就要搬回香港,為了將狗狗運送回家,迫切地需要2個運輸籠。

那段時間我和米菇留宿的地方主人們正好在從事狗狗救援的活動,運輸籠正好是日常必備工具之一。在詢問主人家的意見後,他們也慷慨出借運輸籠,好讓姐姐把狗運回香港。

有室友的時光

協調好雙方後,我帶著她去住處看運輸籠是否適合。看完籠子後,姐姐剛好瞄到我和米菇睡覺的環境。那時候我和菇睡在屋主的客廳,她大部分都睡在鋪了毛巾的地上,我則是睡在小小的雙人沙發上。

需要睡沙發的時候,就會慶幸自己沒有身高一百八,不然旅程中很多地方大概都睡不下。

「你其實可以來睡我家。」姐姐看了看那張沙發後對我說。

看來那張沙發真的是短到連姐姐都於心不忍了。

於是隔天我們收拾行囊前往姐姐的住處。一樣睡在客廳，但這
次有 2 台冷氣及很寬闊的 L 型沙發，就這樣開始了為期一週兩
人三狗一起吃飯、睡覺、遛狗的日子。

雖然學生時期沒住過學校宿舍，沒辦法體驗室友是什麼樣的一
種關係，不過在旅程中，也算是結交了很多朋友兼室友。

深夜老鼠

先前提過我對於住宿的選擇標準其實很寬鬆，基本上只要能遮風避雨我們就很開心了，但即便已有心裡準備某些住宿的條件不會太好，卻仍不時有超出我認知範圍的事件發生……

有一段時間我和米菇在花蓮住進了海邊房舍，藉由幫屋主刷油漆換取住宿，每刷一天可以換住 4 天。

這裡嚴格來說是一間工寮搭成的房屋，我用櫃子和幾塊布隔成一個半開放式的空間當成我們的小房間。工寮裡還有廚房及成堆的建築材料，洗澡則是要走去半戶外的海邊。由於靠海的關係，很多機械器具都會因為海風吹拂鏽蝕而造成秀逗或損壞，所以在正冷的冬天洗澡時熱水器還會時不時停機，得繞去工寮後方拍一拍熱水器它才會重新發動……

儘管我對於冰火五重天的洗澡方式早已經漸漸習慣，但仍有一件事我無論如何都無法習慣，那就是四處亂竄的老鼠們。

因為我們的小房間隔壁就是廚房，而主建築也不是全然密閉的空間，自然鼠患成災。為了保護米菇的糧食，我把她的飼料藏在一台壞掉的冰箱裡。

在某個淺眠的夜晚，我的耳朵隱約聽到窸窸窣窣的聲音，小夜燈映照出的光芒不時閃過一些小影子，我轉頭將視線望進藏糧

食的冰箱櫃子，發現冰箱門呈現半開的樣子。

打開冰箱門將手電筒朝門內直射，只見七、八隻老鼠忘情地大
快朵頤米菇的糧食。被燈光照到的老鼠們立馬一哄而散，只留
下站在門前呆滯的我。

真希望是一場夢。

內衣之家

某次旅行到花蓮玉里的期間，本來安穩地住在朋友家經營的旅店裡。房間雖然不大但設備齊全，有電視、冷氣、雙人床及「溫控」正常的浴室。會強調溫控是因為旅程中遇過太多只能洗冷水，或是熱水器動不動就熄火的衛浴設備，以至於我後來只要洗到溫控正常的浴室都不免讚頌世界之美好。

沒想到住到第二天時朋友說房間不小心超賣了，得把我住的這間讓給客人，但是我們也沒有因此露宿街頭，因為朋友貼心地幫我們安排住進另一位友人家。

讓我崩潰的房間

背著全部行囊牽著菇，來到朋友說的地址前，走進一樓大門內，我所見到景象是……大白天室內卻只有電視透出來的昏暗光線，客廳隱約可見有個人躺靠在沙發上。是朋友的友人的爸爸，光線模糊但還是隱約能看見他的蒼老。

向主人打過招呼後，對方僅點頭回應，我們就被朋友領到了二樓的房間。房內牆面斑駁、水泥的原色從壁癌脫落處透出，地板則是散落著白色油漆的碎片。簡易的帆布搭上鐵架組成的衣櫃裡充滿著凌亂堆積的日常衣物及大量女性內衣。在確認朋友的友人是男性後，我試著問這堆內衣的來歷。「可能是他女朋友的吧。」朋友淡然地丟出這個回應。

我壓抑著內心的崩潰，想著我媽一輩子的內衣可能都還沒那麼多，真的確定不是歷任女友的……

勉強接受這個答案後，我看向我和米菇要睡的床，結果那邊也充斥著為數可觀的內衣。礙於這邊不睡就要露宿街頭的處境，我還是默默地將背包放下，開始將這個獵奇的房間盡量調整成我們可以休息的空間。

三天，真的是我的極限了

當時正值夏季，我將房間整理到稍微能接受的程度後，便想去沖個澡。浴室看起來因為長期潮濕而長滿了黑黴，鏡子裡的我已模糊不清，洗手檯上還堆滿了用過的牙刷和擠到乾扁的牙膏們。蓮蓬頭的水量小到要花近 5 分鐘才能將頭上的洗髮精沖乾淨，順帶一提那時候我還是個光頭。

鑒於這個房間實在超出我容忍的極限，所以基本上除了洗澡及睡覺，我和米菇不太會窩在那個地方，有辦法出門就出去走走。每回進出都看見那位老爸爸常駐在客廳的沙發上，看起來醒醒睡睡的。老舊的映像管電視也從未關掉過，不斷發出沙沙的聲響和透出刺白的畫面。時至今日我仍懷疑沙發上的老爸爸是否還有呼吸。

因為無法繼續和大量的內衣共枕眠，因此 3 天後我便決定要換一個地方落腳，卻沒想到這是另一個惡夢的開始……

黑色火鍋

在離開神祕的內衣之家後,經當地人引薦認識了新的沙發主。

沙發主本身是個外地人,平時兼差 3 份工作,沒工作時則會騎機車載著行動卡啦 OK 機四處找朋友唱歌,基本上他除了睡覺好像都不會回家。大致明白對方的作息後,沙發主載我們到他的套房,在公寓大廈門口告訴我往二樓上去,左邊第一間就是他的房間。

不想再經歷一次的回憶

房門一開,在試圖找到電燈開關前,一股潮濕的惡臭早一步撲鼻而來。

開燈後映入眼簾的是足以把地磚鋪滿的遍地垃圾,地上還有一個簡易型卡式瓦斯爐,爐上的鐵鍋裝有大約八分滿的黑色液體,是個讓人完全不想湊上前確認的黑暗料理。最慘的還是這個房間沒有窗戶,無法讓滿室惡臭散去。

在必須要騰出空間給米菇睡覺的前提下,我決定著手把房間內被我認定為垃圾的物品全仍進大黑垃圾袋,才收了 5 分鐘我就意識到地面的物品基本上全是垃圾。福至心靈的我還順便用掃把將床底下也清了一遍,不清還好,除了掃出大量垃圾外,還發現被揉擰的衛生紙上有死亡多時、脫水乾枯的蛆。折騰一段時間後,心力交瘁的我決定去洗澡,卻發現浴室只有冷水和燙

水可選擇……

儘管這個房間對身心靈的衝擊如此劇烈，我們還是在那待了 2
個晚上。離開時把前一天洗好晾在房間內的衣服打包時，還聞
得到衣服上殘留著那房間的潮濕霉味。

據聞麥克阿瑟曾說過：「給我 100 萬，要換我的入伍回憶，我
不願意；但給我 100 萬，要我重新入伍，我更不願意！」以此
向入伍新生們說明入伍訓練過程中必須遭遇的嚴格考驗。

如果有人要花 100 萬買我的黑色火鍋回憶……我願意。

麵包車之夜

如果問我睡過最詭異的地方是哪裡？南投竹山的廢棄工廠裡的麵包車，應該可以說是第一名。

當時我在網路上找到這個住宿點，主人的經營理念是想給獨自旅行的背包客無償的空間，順便幫他們建立些什麼。那塊地是他父親以前的工廠，但現在已不營運，所以他就拉了 3 台廢棄麵包車來當作旅人的房間。當時只有我和米菇一組旅人，主人簡單介紹後就把大門鑰匙交給了我。

這裡雖然有電但卻沒燈，於是趁天黑前洗完澡，一來是趁著還有日光時洗澡方便，二來則是早點洗完入夜後才不會冷死。洗完澡後接著要進行每日的補給。由於住宿地點位在鄉間，我花了近一個小時帶著米菇一起去附近探索，補齊食品後才和米菇一同鑽進麵包車裡。車子除了駕駛及副駕駛座椅沒拆掉以外，後面是全空的，用巧拼鋪滿充當睡墊，並附送一台只有送風功能的水冷氣。

盛夏的夜晚車外充滿著意圖榨乾你生命的蚊子們。此刻的車窗讓我們又愛又恨，一邊感激著它將我們與外頭兇猛的蚊子隔離，一邊又困擾著它的密不透風讓車內悶熱難當。

擊落幾隻趁虛而入的飛蚊後，我們嘗試在 9 點入睡，但不通風的車內讓我滿身大汗，忍不住擔心自己會不會就這樣上了地方新聞的其中一小角，新聞標題是：「環島少年與愛犬意外缺氧身亡。」不過米菇倒是睡得很安詳。

隔天一早我們被烈日給曬醒，車內的溫度也隨著日照漸漸提升，
起床時我身體濕黏，米菇也吐著舌頭大聲喘氣兼滴口水。

這輛麵包車應該是想把我們烤來吃。

島外露營

帶狗住宿這回事在本島本就不簡單，在外島更是難上加難，但
這依然無法阻止我們想去外島的決心。

綠島，就是和米菇在旅程中踏上的第一個外島。

在台東生活擺攤時就一直念著差不多該出發去外島探索這件
事，直到有天我們在鐵花村擺攤時遇到一位剛從綠島回來的旅
人，對方說他在那裡生活了一陣子，正準備要回台北開始工作。
我和他說明我們旅行的行程，提到自己一直很想去外島，但還
沒找到住宿的空間。旅人回答說他在綠島放了一組帳篷，如果
我要去可以使用。

有帳篷，那就走吧

當晚，我就訂了往綠島的單程票。

畢竟這是第一次帶米菇搭船，我仔細查了船公司的規定，還打
完電話確認是否可以帶狗，隔天一早便與米菇到富岡搭上往綠
島的船。台東往綠島的船可以將狗直接牽上甲板，但一般規定
需要戴口罩，其餘部分基本上只要狗狗不吵不鬧即可。近一個
小時的航程，即使我們都吃了暈船藥，還是很擔心其中一方暈
船，畢竟誰吐了下場都不會太好，我們就在一路擔憂之下順利
抵達綠島。

那時雖然已經 9 月，但豔陽依舊高照。領到帳篷後我們在公共廁所旁邊紮營，一來方便用水，二來方便蹲廁所。熬過炎熱的第一晚後便得知颱風要來，正在想該如何避難時便遇到一位熱心的朋友分享住宿空間。於是第二天開始我們便住進了一間位在室內的工寮，總共 5 間房。第三天開始新室友一個接著一個從四面八方遷入。每個人來到綠島的原因都不同，有搭便車旅行的、因為工作繁忙想來放空的，以及為了這裡的海底景色而來的。每天一起討論去哪探險、去哪吃東西、去哪夜遊，一起分享著資訊與各種故事。

喜歡從陌生人變成朋友的過程。
不管之後多久才會見面，只要當下用心的對待彼此就好。

在綠島的這短短幾天就這麼和米菇一起認識了一群朋友，大家一起玩、一起下水、一起在颱風的雨天中玩著老鷹抓小雞，一起配著夜晚的滿天星空在海邊烤火。當你很想去一個地方時，你必須先相信一切都有可能發生，那些事件才會一一在你面前實現。

儘管頭一天搭帳棚睡得挺克難，但有米菇在我其實睡野外會比較安心，畢竟如果外頭有動靜，她至少會發出警告聲。雖然大多時候她睡到打呼的聲音都比外頭有人走動的聲音還要大。

途中
一邊走一邊賺旅費

路邊撿到的工作，
採桂竹筍

旅行剛開始不久時，有天清晨 6 點多我們在苗栗的後山裡閒晃著，準備要搭便車前往下一個地方。微弱的陽光穿透樹林，灑在我們身上，即便開始出太陽了山區的氣溫依然很低。

我們走到了梅園部落，在村頭的一處鐵皮搭建的檳榔攤遇到一群正在吃早餐的原住民朋友。其中一位中年的先生與我對上了眼，殊不知下一秒他劈頭就問：「欸，你要不要工作？」彷彿他問的只是：「你吃早餐沒？」

奇葩的是我連工作內容都沒先問，已先用反射神經回答：「好。」彷彿我回答的也只是：「有喔，我吃飽了！」

接著工頭就從屋子裡走出來和我攀談，細問之下才知道這份突如其來的工作是要上山砍桂竹筍。原來 4 月的苗栗山上盛產桂竹筍。每天清晨他們都得到山裡，趁著竹子剛發出脆嫩的新芽就得趕緊採收。

配備拿齊，帶著米菇一起上工

工頭叫我把行囊全放在工寮，讓貨車的車斗有空間放竹筍。我和米菇便和其他工人坐在車斗中，任由貨車一路搖搖晃晃地載我們駛向連路都沒有的深山中，只留下輪胎壓在泥濘落葉上的印痕。

到了採收的地點之後，工頭給我一把小鐮刀、一副綿紗工地手套及一個紅藍綠相間的菜市場提袋，開始就地示範如何挑選老幼適中的竹筍，以及如何正確下刀和去除筍殼。工頭認真地交代著，原來砍竹筍時若下刀下得不好、砍壞了生長點，這棵竹子就不會再生新筍了。就這樣，我們從一早開始採收竹筍到近中午時分。我工作時米菇就在一旁的林地裡玩耍，時不時來探一下我的班再溜走。

這是我第一份在旅途上接下的工作，也是這一次的經歷，我才知道原來山區常因缺乏青壯勞力而有類似的臨時工作釋出。

我也當過 KTV 茶店少爺

旅行到台中時，有段時間我擔任過下午場的 KTV 茶店服務人員。這間 KTV 茶店並不是昏暗的那種小包廂，而是開放式包廂，上面有 2 座卡拉 OK 舞台，背景的投影幕上總是播放著盜版的伴唱帶畫面。只要點了歌就可以在上面唱，並會有可愛活潑的阿姨們陪你喝酒吃小菜。

服務人員的工作內容包羅萬象。每天下午開店時，首先要開啟機台，播放〈大船入港〉與〈弄獅〉2 首曲子，象徵店家正式營運，然後一邊清潔環境、整理昨天的晚班員工沒收拾好的爛攤子，接著等待客人上門。

KTV 茶店的廚房就位在樓層後方的開放式陽台。地上鋪滿了拆開的紙箱充當防滑墊，牆角擺了幾隻不管怎麼洗都能洗出整桶黑水的拖把，一旁的逃生梯全被雜物堆住。炒檯上方的抽風扇佈滿了陳年的油煙，累積量之大甚至從煙垢匯集成了要滴不滴的油漬。

原來東西好吃靠這味

老闆娘每天都會買菜回來，邊抽著菸邊指導我應該如何料理當日的菜色。雖然老闆娘總是教得非常仔細，但也因為她站得實在離我太近，搞得我老是擔心菸灰掉進炒鍋裡（也許這就是好吃的祕訣）。

小魚乾炒豆干、竹筍炒肉絲、紅燒魚、螞蟻上樹、炒青菜……
幾乎每道菜老闆娘都會叫我鹽和味精多加一點。「這樣客人才
會多喝一點！」老闆娘傳授著她的成功心法，配上得意的表情
與總是不離手的菸。

客人上門後我的工作就變成送菜、送冰塊、倒酒，以及遞熱毛
巾，然後幫客人與阿姨們點歌，看阿姨們如何靠靈活的手腕把
客人們逗得樂呵呵的，邊期待客人發小費給阿姨的同時，我也
可以雨露均霑多少拿到一點。

由於我應徵的是下午的班，下午的 KTV 茶店往往門可羅雀，頂
多就是一、兩桌的客人，有時候甚至整個下午半隻貓都沒有。
沒客人時老闆娘就會給我 200 元去吃飯。當時每天的生活就是

拿 200 元到附近的市場買一包店家搭配好的綜合蔬菜，一包
50 塊，回去蒸來吃就算是過了一餐。

超驚奇的大戶客人

在 KTV 茶店工作的期間，有一天店裡來了一位客人。經過老闆
娘的介紹後他得知了我與米菇正在環島旅行的計畫，便爽快地
表示要贊助我們旅費，但同時也想讓我知道賺錢並不容易。

於是他叫我陪他喝酒。用擲骰子的方式比大小，只要我贏一次
就能得到 100 元，但若輸了就得喝 1 杯，直到不能再喝為止。
以我平常的實力，大概只要半罐啤酒就足以讓我暈倒了，但出
現了這種千載難逢的賺錢機會，當然是死了都要喝。

於是我們從下午 5 點開始一路喝到晚上 11 點。我從老實的喝
酒變成混水摸魚的喝水代替，而他也茫茫然的從一百一百地給
變成一千一千地給。

那天晚上我靠著跟這位驚奇的大戶喝酒就賺了 1 萬多塊，也因
此和米菇在接下來的一段日子裡都吃得還不錯。

鐵工，
我也會一點

總結一下，我曾在旅途中做過的工作包括砍竹筍、酒店少爺、燒烤店員工、賣鞋子、替別人照顧動物，還有民宿管家跟鐵工。鐵工，算是我專職擺攤以前的最後一份工作。

而我下定決心以擺攤為主要收入這件事情，也與米菇的腫瘤有關。

當時我們正旅行到台中。一位熟悉動物救援的朋友在某次隨性地摸著米菇時，發現米菇的脖子側邊似乎有個隆起的異物。進一步到醫院檢查、切片，開完刀取出腫塊，後續的檢驗報告指出這是一顆長在唾腺上的惡性腫瘤，而米菇的壽命也被宣判只剩 2 年。

那時候我決定把旅行的時間拉長，就這樣慢慢地陪著她，走到她不能再走為止。

米菇的腫瘤切除一陣子後，我開始從事鐵工的工作。內容主要是幫別人換屋頂的鐵皮，更換對象從一般住家到 5 層樓高的工廠都有。首先要把舊的鐵皮解下來、抽出，再鋪上新的鐵皮，拴緊螺絲、抹上矽利康。

工作的環境其實不太好，工地裡沙塵飛揚、同事菸酒不斷。每天從早上 8 點工作到下午 5 點，夏天時除了豔陽朝背脊直曬，

還能感受到從鐵皮上散發出來的蒸騰熱氣。此外，雖然工地有明文規定的安全確保流程，但往往在工作現場都會被簡化成給業主看一下就交差了事的表面功夫。即便大家都會穿著整套的確保背心，但實際上背心並沒有連接著確保繩，所有安全裝置形同虛設。據說在我到職不久前，有一位同事在拆屋頂的鐵皮時解錯了螺絲，當場從 4 層樓高的工廠屋頂直接摔下去了，而且還沒有任何保險。

想要給米菇更多的陪伴，所以擺攤

有陣子我承包的業務主要是幫一般家庭加蓋鐵皮，工作內容相對簡單，環境也比較安全，於是那陣子我每天都帶著米菇一起去上工。某一天午休時，我下了工拎著便當去找米菇，只見她窩在垃圾堆裡，被砂石、廢料，及待安裝的東西給團團環繞。

「我不想要她這樣。」我心想。

我不想要為了讓米菇能隨時在身邊，卻讓她得到這樣的生活品質。於是我們開始了在各個城市擺攤的生活。除了可以讓我們在工作時待在彼此身邊，也不必再讓她經歷這麼差的工作環境了。

擺攤的人生，
開始

擺攤首先要決定的是地點。捷運站周圍、觀光區、火車站、夜市、鬧區的騎樓⋯⋯都是好選項。接著放下滑板、鋪上陳列明信片的布巾、立起「帶狗旅行中」的立牌、攤開寫著我們故事的亞麻布條、準備好米菇的零食，再倒給米菇 1 碗水，必要時點上營燈，開攤手續就完成了。

明信片與照片背後的故事就是我們的商品，米菇就是最大的招牌。明信片的價格由你決定，只要你覺得值得，就好。

專職擺攤兩年多來，我們的配備越來越多。一開始只有簡陋地
在地上舖一張布擺放明信片，再用義美小泡芙的紙盒背板歪歪
斜斜地寫上「帶狗環島中——自己乾乾自己賺」的標語，就簡陋
出攤了。隨著時間過去，滑板、布條、營燈與更加精美的立牌
也逐漸出現在攤位上，讓我們的小小攤位生意盎然。

在與米菇擺攤的日子裡我們遇過形形色色的人與事。

有人害羞地在遠方觀看，急匆匆地過來投下旅費就趕忙離開，
連明信片都來不及挑。有人悠悠哉哉地陪我們坐上一整晚，還
在我尿急時幫我顧攤。有人原本要與友人赴約卻被放鴿子，乾
脆把隨身攜帶的紅酒分享給我就地解決。有人開心地分享著他
家的貓也叫「米菇」，還回家拿了一件印有「米菇」照片的
T-shirt 特地送來給我。

在擺攤的日子裡，我總會習慣地問問停留下來的朋友，問對方有沒有養狗或其他物種的夥伴。有的人沒養但很喜歡狗、有的家裡有貓有狗、有的在狗狗過世後就不敢再養，也有的人狗狗一星期前才剛過世。

每個人現在正歷經哪個階段，從當下表情便能一覽無遺。微笑的、開心的、帶有遺憾的、雲淡風輕的，和忍不住當下流淚的。這些多樣的情緒，從交流中釋出和吸收。米菇給了他們部份的慰藉，而我則從每個人身上得到一則又一則的體悟。

那體悟即是把握當下，珍惜那分分秒秒的相處時光，不管是對人與狗或其他物種的夥伴都一樣。

本來是兩個月的環島旅行，路途
中發現米菇長了一顆惡性腫瘤。
報告書說生命只剩下兩年。我決
定把旅行的時間拉長，慢慢的走
，一起去體驗每一個城市的溫度
。用著搭便車及溜滑板在路途中
行動，住宿呢？如果你可以收留
我們，請告訴我。

CHAPTER 04

想陪妳，再久一點

一日的朋友

他的名字叫卡嚕哇，是主人從收容所帶回來的米克斯。主人和幾個朋友在花蓮市區一起經營一間 Hostel。Hostel 的一樓是大廳兼吧台，供旅客休息和交流，卡嚕哇就常駐在店門口當店長。

旅途中我和米菇也在花蓮也待了好一陣子，時不時會經過這家旅店，也一直對這裡感到好奇，但因為一直擔心無法帶米菇去而遲遲未造訪，直到看到門口有一隻趴著休息的狗才決定去走一趟。

點了杯咖啡，我開始對這裡的一切感到好奇。

卡嚕哇一直懶洋洋地趴在那裡，一副意興闌珊、了無生趣的樣子，米菇經過他也無動於衷。主人在和我們介紹環境同時也不時摸摸他，每隔一段時間就會將他抱至門口大小便，這時我才知道卡嚕哇已經四肢無力，也知道他生病了。卡嚕哇在門口吃力地擺出上廁所的姿勢，拉出來的卻都是稀便。

主人把卡嚕哇在喝的母乳分了一碗給米菇，米菇看起來喝得很開心，迅速秒殺整碗之後還擺出一副「再來一碗」的臉。就這樣，我們在門口聊天，聊的大部分也都是狗經。

生命，就在眼前流逝

正在主人抽完一支菸、我快喝完咖啡之際，主人再度去摸摸卡嚕哇，問他是不是還想上廁所，只見他一語不發，眼睛張得老

大，只看得見他深黑的瞳孔，然後呼吸變得愈來愈淺、開始小便失禁，最後張開嘴吐出舌頭，在我們面前離開。

那個當下我們都沈默了。我心裡盤算著該說些什麼，但又想著如果今天是我碰到這件事，大概也只想一個人靜靜獨處消化這一切。

最後我在進退兩難間選擇了沈默地在旁看著剛離去的卡嚕哇。主人看起來很冷靜，或許是為了在陌生人面前壓抑自己的情緒，也可能就像主人後來說的，卡嚕哇大概認為主人找到了另一隻狗狗陪伴她，所以他可以安心的走了。

喝掉最後一口冷掉的咖啡。
留下卡嚕哇生前的最後一張照片。
米菇下嘴唇還有卡嚕哇分享給她的母奶。
生命的離去並不代表是全然的離去，只要他還存在我們心中。

來不及過萬聖節的 Kitkat

Nita 是某個夜晚在台北東門捷運站附近擺攤時遇到的朋友。

相遇的那天，她才剛與相處 14 年的臘腸狗 Kitkat 別離不到一星期，所以看到我和米菇一起擺攤的文字布條便好奇的停下了腳步。

Nita 是一位專業的彩妝師，獨自從高雄到台北來展開事業，Kitkat 也跟著她一起北上。創業初期必然要將較多的時間投注在事業上，所以大多數的時間 Kitkat 都獨自留在家等待著 Nita 回家。Kitkat 早年在高雄生活時有大家庭陪著，來到台北後相對孤單許多。

直到發現 Kitkat 得了腦膜瘤。

Kitkat 從發病到無法正常走路只有短短的 3 個星期，急轉直下的病情使他脊椎僵直、漸漸無法起身，大腦也因為不正常的放電而使他無法入睡。最後的一段時間 Kitkat 回到高雄的家與大家一起共度，狀態時好時壞。好的日子裡 Kitkat 口慾很好，但在狀況差的日子裡身體就不停抽蓄。和家人討論後，Nita 請來到府服務的安樂獸醫師評估狗與主人的精神狀態，經過醫師診斷許可後，便在家中讓 Kitkat 安樂離開。

Kitkat 安樂後，Nita 足足有 5 天不敢回台北的住處，害怕見不到那不復存在的熟悉身影、害怕只剩下床和飼料的家，也害怕

Kitkat 的氣味隨著時間散去不留下一點痕跡。

Nita 說 Kitkat 教會了她僅管處在複雜多端、人心叵測的社會裡，仍要保有最純粹的初心。雖然人類的世界有很多種生活模式，但狗狗卻只有妳這個世界。說不遺憾是騙人的，那一刻到來時心中還是只有滿滿的自責，自責過去沒有花更多時間去陪伴他。

帶著這份遺憾，Nita 偶然的在街頭遇到氣味與 Kitkat 相似的米菇。

剛好萬聖節也接近了，我向 Nita 提議是否能幫我們設計萬聖節的造型妝，來畫個今年最火紅的鬼修女，再把米菇畫成一隻骷髏狗。Nita 也爽快地答應我們。 最後我和米菇成功完成了人生第一次一起做造型的萬聖節擺攤。

在經歷有 Kitkat 陪伴的 14 年，Nita 說她最後也領悟到了所謂的四道，那便是道歉、道愛、道謝，與道別。

櫻花樹下的紀念日

在擺攤的日子裡，時常聽見許多人養毛孩的經驗分享談，對於已經別離的毛孩總是又聊得特別久、篇幅特別多。

Alan 是一位英文老師，我們在人來人往的捷運站附近相識，一聊到狗話匣子就停不下來。過去 Alan 養過一隻狗，名叫屁屁，是一隻親人且愛吃蘋果的黑灰色貴賓。屁屁陪伴了 Alan 一家 20 年，對狗來說已經是超級高齡，但儘管相伴相守的時間很久，別離時還是一場痛。

屁屁每年都會做全身的健康檢查。17 歲那年被發現在乳房長了惡性腫瘤，隨著年齡增長，視力也漸漸變差。在屁屁快 19 歲那年，Alan 有感屁屁的時間已經不多，那段日子在宜蘭教書的 Alan 只要回台北時都會告訴屁屁不管最後怎麼樣，都要等到他從宜蘭回來見最後一面。

讓人不忍的離別

某一天的週四清晨，Alan 突然感到一陣胸悶，覺得有事即將發生，便急忙趕回台北。到家後打開客廳的燈，只見屁屁站在客廳正中間，但平時的她應該都會待在角落的被窩上休息才對。這異常的現象讓 Alan 不禁擔心了起來。當時即便 Alan 試圖餵屁屁喝水，她也因嚥不下而吐出，連平常最喜歡的蘋果也吐了出來。

Alan 打給獸醫詢問狗狗在快離世前會有哪些反應？醫生答道會有漸進性抽搐的反射行為。後來屁屁的抽搐行為果然愈來愈明顯，同時伴隨著令人心痛的哀號聲。身為佛教徒的 Alan 便開始念經迴向給屁屁，待整本佛經唸完後就上床休息，而屁屁則一路到早上 6 點仍持續抽蓄著。

早上 10 點時屁屁仍持續哀號。Alan 把屁屁抱到了客廳，全家聚集在客廳彼此安慰和與屁屁道別。在前往醫院的路上時，包在被子裡的屁屁已經進入彌留狀態。到院後醫生建議使用強心針試圖救回屁屁，Alan 與媽媽卻在決定是否打強心針時一起哭了出來，最後共同決定不再強迫她留下。

Alan 在屁屁臨行之際，把臉靠近她，對她唸一小段經文、說了一些道別的話，屁屁便漸漸沒了呼吸。

事實上早在屁屁離世的前一年，Alan 已經開始和家人討論要將最後的她安置在哪。最終全家決議將屁屁安置在只有家人知道的山中櫻花樹下。安葬完後的當天，Alan 回到家坐在陽台邊無法進食，任憑悲傷滲入骨髓。

獻給屁屁的玉蘭花

頂溪捷運站前有一位全身燒燙傷的阿姨在販售玉蘭花。

Alan 初次要求買下整籃花時，賣花的阿姨露出了不可置信的表情。往後每年的 9 月 22 號，屁屁的忌日時，Alan 都會帶著整籃的花到那棵櫻花樹下排出 2 顆玉蘭花愛心，學生們也會特地在此日做花圈給 Alan 帶山上。

後幾年陸陸續續有人想贈予 Alan 和屁屁模樣相似的小狗，但都被婉拒了。一來是再無法承受如此巨大的傷痛，二來是屁屁在全家人心中的位置也不是容貌相似的小狗就可以取代的。

至今家裡仍保留著屁屁的相片和被屁屁睡過及嘔吐過的床墊。旅行時裝著屁屁的提袋即便四個角都磨損破掉了，但經歷無數次的縫縫補補，Alan 依然邊使用它邊想念著屁屁。

有一段時間 Alan 甚至把有她的影像全都印成 A4 大小的照片貼滿學校教室後方的佈告欄，連教學用的筆電桌面也充滿著屁屁的照片。Alan 對屁屁的愛學生們都看在眼裡，每當學生對狗狗飼育有疑問時，Alan 也不吝分享屁屁的故事以及照顧動物的知識與方法。儘管屁屁的肉身已經消逝，但 Alan 仍持續用著他的方式在延伸屁屁的靈魂與對她的記憶。

由於 Alan 的學生都是從國一一路帶到國三，師生間的感情總是相當濃厚，每年學生都會自發性地幫他慶生。在某一年的生日前夕，學生們發下豪語表示：「老師我們這次絕對會讓你哭！」Alan 本還硬頸的想著怎麼可能，結果在生日當天，學生們遞出了蛋糕，打開盒子映入眼簾的是印有屁屁照片的蛋糕。Alan 不禁轉身流淚，學生們也笑著說：「終於讓你哭了！」

生命可以用很多方式去延續下去，真正的死亡是在這個世界上已經沒有人記得你。在旅途中我們遇到了很多人，也聽過許多生離死別的故事，每每總讓我想起身旁的米菇。我所能做的，只有且行且珍惜這些還有米菇相伴的日子。

歡迎請進，
狗朋友

先前提過在大城市裡，有許多不歡迎寵物進入的店家，但事實上也有很多的例外，不管是明白在店門口張貼「寵物友善」標語的，還是默默以行動表示歡迎的店家，每每都讓我們感受到滿溢的溫暖。

我們遇過泰式料理店的老闆娘，會把抱怨鄰桌顧客帶狗的客人直接趕出店裡。

也遇過熱狗店全店上下的員工，每次只要看到我們上門都會端一碗水放在地上給米菇，絲毫不怠慢這位不點餐的隨行小顧客。

還遇過羊肉快炒店的員工們，放任米菇在廚房門口顧門，還邊炒著菜邊跟米菇調情。

更遇過餛飩小吃店的老闆，在我研究米菇是否能進店門時，直接朝我們說著：「我們又沒有貼說狗不能進來，你們就直接進來啊！」

我們也特別喜歡在半夜逛賣場，米菇的熱情讓每個夜班店員都很喜歡她，菇也會在冰涼的地上滾來滾去，逗得補貨的店員笑說：「地板很涼吼！」但比起滾地板，米菇最愛的大概還是剛好在吃宵夜的店員，只要店員正在吃消夜總是無一倖免的被從

頭盯哨到尾。

店內偶爾會播著七〇年代的 Disco 舞曲，這不是廣播中的隨機
播放，是其中一位較年長的店員挑的精選歌單。他說在他們那
個年代舞廳都放這些音樂，最後這些曲子也被我納入了自己的
手機歌單。

生活在地方，才有真感動

通常逛完深夜的賣場我們會到河岸公園散步，偶爾在一、兩點
的時候會遇到一位主人帶著兩隻中大型米克斯前來遛狗，一隻
叫「跑跑」，另一隻叫「跳跳」。

跑跑是主人收養的第一隻狗，跳跳則是在河堤跟著跑跑一起回家的浪犬。大概是因為跑跑跟跳跳說：「我這邊有一個長期飯票，對我還不錯，要不要跟我回家一起玩！」，於是跳跳就跟著一起回家了。

跑跑跳跳每回跟菇相遇都會一起玩上一陣子。玩樂的同時，偶爾會遇到一位騎摩托車的阿姨，她總是在半夜下了班後，沿著河岸一路餵食浪犬，一餵就餵了6年。看見米菇與跑跑跳跳，總會灑了一些飼料給狗兒們當點心，溫柔地摸摸他們、與他們說說話，再跨上車騎往下一個地點。

唯有在地方生活上一陣子才能發現這些細微的人事物，這也是我和米菇現在享受的生活步調。走得快看得多？還是走得慢看得多？這是一位朋友在我們3年前剛出發前給我的問題。現在心裡已經有了答案，無庸置疑。

謝謝在大城市裡的小角落裡，有對狗狗友善的你們。

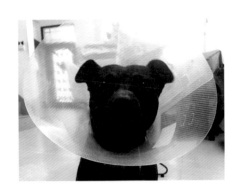

旅行的日子裡，我們幾乎 24 小時相處在一起 ，
在每個城市打工到路邊擺攤 。

走路、滑滑板、搭便車⋯⋯到陌生人家沙發衝浪，
經歷了大大小小的事到現在 。

我所知道的，妳所教我的。

某次從墾丁往花蓮的路上，起頭順利地搭了 2 輛便車來到台東大武，本以為會在 4 小時內抵達花蓮，殊不知又換了 4 台車才剛到台東的三仙台，此時已傍晚 5 點，風雨漸大，路上的車一台台呼嘯而過，不時也有行經的車輛將路邊積水濺到我們身上。

攔了許久才遇到一位開吉普車的爸爸，載著兩個小孩。孩子們擠到後座，途中沒有說半句話。爸爸說道：「怎麼啦？你們平常不是很多話嗎？」小孩們依然保持安靜。車裡只有我和爸爸的聲音，米菇則在座位下方頭靠著椅子打盹。

米菇教我的事

我們被載到長濱後下了車，雨勢依然沒有停歇。我們繼續走著，天色逐漸暗下來，疲憊迫使我開始邊走邊物色哪邊有屋簷可以過夜。

此刻雨水打在臉上，我焦躁不已、不斷想著自己的樣子應該很狼狽，身上背著 20 公斤的裝備還渾身濕透，大概累得跟狗一樣。就在此時，轉頭看到旁邊那條真正的狗，她依然抬頭挺胸、腳步輕盈地向前跳走著，就像平常出去玩一樣。

看到米菇那歡樂的模樣，瞬間覺得自己平靜許多，再轉念一想，便覺得自己到底在苦惱什麼？走就是了！

最後在天色全暗的時候，我們攔到一台休旅車。是一對正要從台東回桃園的夫妻。聽到我們說要往花蓮，先生就爽快地說：「那一起吧！」

我想自己能夠平靜自適地接受旅途上的一切不圓滿，大概都是妳教給我的。

那些生活的點點滴滴，像微血管一樣靜靜流動，遍佈全身。

每天睡前都會盯著妳一會，看妳靜靜熟睡和那些各種奇怪的睡姿，其實都知道總有一天要分開，讓自己適可而止的打住那念頭，輕輕在妳頭頂或鼻頭親一下說晚安。

我愛妳，就像妳愛我一樣。

散步眼角餘光總是有妳的景象。

我走在妳後方會一直盯著那結實的後腿和左右搖擺
的豬尾巴，妳在我後方也能聽見項圈上名牌晃動拍
打出來的金屬聲和夏天時舌頭散熱的呼吸聲。

習慣有妳。

不管是啃起來像木耳的耳朵，軟軟像屁股的頭頂，看起來最好吃的大腿以及臭到會讓人上癮的腳縫。這些小小的細節跟互動，都深深收藏在心裡，也因為知道每一天的日常和陪伴並不是永恆，所以更加珍惜。

不時有人在問為什麼要一直帶著妳旅行，其中一個答案是我不想在等到妳走不動了、狀況很差的時候才要意識到該帶妳去看看這個世界有多大有多美。

不要等到覺得會遺憾才行動，很多事情錯過了，就永遠不會再發生。

那一夜，
差點失去你

2016 年的秋天，和米菇一起在台南生活了一段日子，當時住在朋友尚未對外營運的空間裡。

11 月 1 號那天下午，和朋友外出買東西，原本想說一下子就回來，便把米菇放在住宿的地方。不料當天剛好有冷氣師傅要進屋做工程，導致大門開開關關，買完東西回來時就發現米菇不見了。

我立馬在社群網站上 PO 出米菇走失的文章，同時與朋友們展開尋找米菇的任務。一開始先鎖定平常帶過她走的路線，但找了半天都沒任何蹤影。直到粉專頁面上開始有人回報米菇可能的蹤跡才讓情況漸漸有了轉機。我們趕到網友回報的各個地點一一詢問附近的店家，但反覆搜尋仍不見米菇蹤影，最困擾的是連部分的回報資訊也沒辦法肯定是否真的是看見米菇本狗，複雜混亂的資訊導致尋找米菇的任務困難重重。

那一夜，在台南街頭奔走的我

入夜後的環境讓搜索米菇的工程難上加難，所幸途中也紛紛加入看到網路訊息後前來協尋的網友們。當時和夥伴們一邊討論著該如何分配搜尋路線，同時邊看著網路大量的留言訊息，只要有任何疑似像看到米菇蹤影的通報地點我們都會不死心地去

查看一下，途中甚至還真的遇到其他戴紅色項圈自己在閒晃的
黑狗……

騎著和朋友借來的機車，隨著時間流逝，毫無進展的搜索使我
悲觀地想著該不會從此再也見不到米菇，旅行也就此劃下句點，
甚至還害怕她會不會被抓去吃掉。因為當地人說有些區域的老
人家還是有吃狗肉的習慣，滿身肌肉的黑狗加上接近冬天，米
菇真的是最補的食材……

後來最多筆的目擊資訊都圍繞在大賣場附近，我們決定把人力
都投入在那一區。就在我騎車進入一個 T 字路口時，瞥見打著
黃光的路燈照映出一隻狗的剪影，後面加上一個狂奔的人影從

左邊的路口往右邊飛奔過去。當下立刻油門催到底追上那狂奔的一人一犬，邊停下機車大喊：「米菇！！」

在昏暗的街邊她停下腳步、僵直在原地盯著我看，喊了第二聲名字她才朝我這暴衝過來，一臉：「欸，你怎麼在這裡？」的表情，絲毫沒有「自己走丟了」的自覺。

大夥圍繞在我和米菇之間。有人遞上裝滿水的碗，有人帶著一些飼料，也有人貼心地遞上牽繩，免得大家在慌亂之中又讓米菇走丟。大家都因為擔心米菇而聚集在一起。那一天似乎全台灣的網友們都在找米菇，連去店家攤販詢問時，還有店家表示先前早已有其他網友來詢問過，煩請店家協助留意。許多網友也動用各個群組社團來幫忙協尋。最終花了 7 個小時找回米菇。由於走失事件的發生是源自我的疏忽，從那次之後，我極少把米菇一狗留在室內住處，除非有其他人陪著她，否則就是把她一起帶出門。即便去一些狗無法落地的空間也寧願背著她進去。

謝謝幫我找米菇的大家

這裡再一次的謝謝大家，謝謝那天的你們，沒有每一位的分享資訊及現場幫助，我無法將米菇尋回，這趟旅程也可能就此劃下句點。最後最後，感謝死命奔跑追著米菇的吳建智大哥。建智大哥平時人都在從事流浪動物與弱勢族群的關懷活動。那晚他看到米菇從家門前經過時，便與他太太不停地在後頭追著米菇。

好在建智大哥平常有習慣運動，不然我可能要開始進行老人長照的工作了。

為自己的理想出發

2015 年 4 月 7 日，是我們開始環島旅行的日子，一千多個日子以來，我們共同經歷了好多。

一起在山上的國小冷一整夜、一起暈車嘔吐、一起走到沒錢、一起共吃一個便當、一起擺攤、一起入睡、一起搭便車、一起踏遍千山萬水、一起撐過你的病痛、一起經歷失散與重逢、一起走過台灣的台北、桃園、新竹、苗栗、台中、南投、彰化、台南、高雄、小琉球、屏東、台東、綠島、蘭嶼和花蓮。

旅途中換過 2 雙鞋子、3 個背包、4 張滑板、5 頂帽子，與一條永遠不會換的狗。

接下來我們還要去很多地方。

旅程，其實很奇幻

感謝一路上各位朋友的幫助，謝謝你們停下車來載我們一程、謝謝你們的收留、謝謝你們怕米菇餓著總是帶來源源不絕的糧食、謝謝你們專程來攤位找我們玩耍、謝謝你們的信任與鼓勵。

不管是僅有一面之緣或是現在依然有在連絡的朋友，沒有你們的幫助我與米菇絕對無法往下走。

期待在路上遇到大家，我們的故事會繼續說下去。 也希望有一天，你也能為自己的理想出發，我們總會在路上相見。

雖然毛孩的生命不比我們長，但他們卻是把一生精華的時間全都留給我們。

感謝有這樣的緣份，也謝謝米菇在我生命中的突然出現。

每隻毛孩都是獨立的生命個體，陪伴著我們，不管喜、怒、哀、樂。

雖然不會和我們說話；但一個眼神，一個用鼻子來磨蹭你，開心的時候一起出去玩，累了就跳近你身邊靠著到睡著。

默默陪伴是最巨大的能量。

跟著有其甜
米菇，我們還要
一起旅行好久好久

作　　　者	賴聖文＆米菇	
攝　　　影	Lyle Lee、謝念平	
編　　　輯	徐詩淵	
校　　　對	黃莛勻、徐詩淵	
美 術 設 計	曹文甄	
發 行 人	程顯灝	
總 編 輯	呂增娣	
主　　　編	徐詩淵	
編　　　輯	林憶欣、黃莛勻	
	林宜靜	
美 術 主 編	劉錦堂	
美 術 編 輯	曹文甄、黃珮瑜	
行 銷 總 監	呂增慧	
資 深 行 銷	謝儀方、吳孟蓉	
發 行 部	侯莉莉	
財 務 部	許麗娟、陳美齡	
印　 務	許丁財	
出 版 者	四塊玉文創有限公司	

總 代 理　三友圖書有限公司
地　　址　106 台北市安和路 2 段 213 號 4 樓
電　　話　(02) 2377-4155
傳　　真　(02) 2377-4355
E - m a i l　service@sanyau.com.tw
郵 政 劃 撥　05844889 三友圖書有限公司

總 經 銷　大和書報圖書股份有限公司
地　　址　新北市新莊區五工五路 2 號
電　　話　(02) 8990-2588
傳　　真　(02) 2299-7900

製 版 印 刷　卡樂彩色製版印刷有限公司

初　　版　2018 年 12 月
定　　價　新臺幣 350 元
I S B N　978-957-8587-50-2（平裝）

特別感謝攝影師 Lyle Lee 的照片
封　面、P11-13、P21、P23、P29、P44、
P49、P52-53、P65、P111、P121-123、
P134、P137-141、P146-149、P152-
153、P157-158、P164、P166-169

SANYAU
http://www.ju-zi.com.tw
三友圖書
友直 友諒 友多聞

國家圖書館出版品預行編目 (CIP) 資料

跟著有其甜：米菇，我們還要一起旅行好久好
久 / 賴聖文，米菇著 . -- 初版 . -- 臺北市：四塊
玉文創，2018.12
ISBN 978-957-8587-50-2(平裝)

1. 臺灣遊記 2. 旅遊文學

733.69　　　　　　　　　　　107019732

地址： 　　縣/市　　　鄉/鎮/市/區　　　路/街

　　段　　巷　　弄　　號　　樓

廣　告　回　函
台北郵局登記證
台北廣字第2780號

三友圖書有限公司　收
SANYAU PUBLISHING CO., LTD.

106　台北市安和路2段213號4樓

三友圖書
讀書俱樂部

「填妥本回函，寄回本社」，即可免費獲得好好刊。

粉絲招募歡迎加入
臉書／痞客邦搜尋
「三友圖書-微胖男女編輯社」
加入將優先得到出版社
提供的相關優惠、
新書活動等好康訊息。

四塊玉文創╳橘子文化╳食為天文創╳旗林文化
http://www.ju-zi.com.tw
https://www.facebook.com/comehomelife

親愛的讀者：

感謝您購買《跟著有其甜：米菇，我們還要一起旅行好久好久》一書，為感謝您對本書的支持與愛護，只要填妥本回函，並寄回本社，即可成為三友圖書會員，將定期提供新書資訊及各種優惠給您。

姓名 _____ 出生年月日 _____

電話 _____ E-mail _____

通訊地址 _____

臉書帳號 _____

部落格名稱 _____

1 年齡
☐ 18 歲以下　☐ 19 歲～ 25 歲　☐ 26 歲～ 35 歲　☐ 36 歲～ 45 歲　☐ 46 歲～ 55 歲
☐ 56 歲～ 65 歲　☐ 66 歲～ 75 歲　☐ 76 歲～ 85 歲　☐ 86 歲以上

2 職業
☐軍公教 ☐工 ☐商 ☐自由業 ☐服務業 ☐農林漁牧業 ☐家管 ☐學生
☐其他 _____

3 您從何處購得本書？
☐博客來　☐金石堂網書　☐讀冊　☐誠品網書　☐其他 _____
☐實體書店 _____

4 您從何處得知本書？
☐博客來　☐金石堂網書　☐讀冊　☐誠品網書　☐其他 _____
☐實體書店 _____ ☐ FB（三友圖書 - 微胖男女編輯社）_____
☐好好刊（雙月刊）　☐朋友推薦　☐廣播媒體

5 您購買本書的因素有哪些？（可複選）
☐作者 ☐內容 ☐圖片 ☐版面編排 ☐其他 _____

6 您覺得本書的封面設計如何？
☐非常滿意 ☐滿意 ☐普通 ☐很差 ☐其他 _____

7 非常感謝您購買此書，您還對哪些主題有興趣？（可複選）
☐中西食譜 ☐點心烘焙 ☐飲品類 ☐旅遊　☐養生保健　☐瘦身美妝 ☐手作 ☐寵物
☐商業理財 ☐心靈療癒 ☐小說　☐其他 _____

8 您每個月的購書預算為多少金額？
☐ 1,000 元以下　☐ 1,001 ～ 2,000 元 ☐ 2,001 ～ 3,000 元 ☐ 3,001 ～ 4,000 元
☐ 4,001 ～ 5,000 元 ☐ 5,001 元以上

9 若出版的書籍搭配贈品活動，您比較喜歡哪一類型的贈品？（可選 2 種）
☐食品調味類　☐鍋具類　☐家電用品類　☐書籍類　☐生活用品類　☐DIY 手作類
☐交通票券類　☐展演活動票券類　☐其他 _____

10 您認為本書尚需改進之處？以及對我們的意見？
_____

感謝您的填寫，
您寶貴的建議是我們進步的動力！

地址： 　　縣/市　　　鄉/鎮/市/區　　　路/街

段　　巷　　弄　　號　　樓

廣 告 回 函
台 北 郵 局 登 記 證
台北廣字第2780號

三友圖書有限公司 收
SANYAU PUBLISHING CO., LTD.

106　台北市安和路2段213號4樓

三友圖書
讀書俱樂部

「填妥本回函，寄回本社」，即可免費獲得好好刊。

粉絲招募歡迎加入
臉書／痞客邦搜尋
「三友圖書-微胖男女編輯社」
加入將優先得到出版社
提供的相關優惠、
新書活動等好康訊息。

四塊玉文創╳橘子文化╳食為天文創╳旗林文化
http://www.ju-zi.com.tw
https://www.facebook.com/comehomelife

親愛的讀者：

感謝您購買《跟著有其甜：米菇，我們還要一起旅行好久好久》一書，為感謝您對本書的支持與愛護，只要填妥本回函，並寄回本社，即可成為三友圖書會員，將定期提供新書資訊及各種優惠給您。

姓名 _____ 出生年月日 _____

電話 _____ E-mail _____

通訊地址 _____

臉書帳號 _____

部落格名稱 _____

1 年齡
□ 18 歲以下　　□ 19 歲～ 25 歲　　□ 26 歲～ 35 歲　　□ 36 歲～ 45 歲　　□ 46 歲～ 55 歲
□ 56 歲～ 65 歲　　□ 66 歲～ 75 歲　　□ 76 歲～ 85 歲　　□ 86 歲以上

2 職業
□軍公教 □工 □商 □自由業 □服務業 □農林漁牧業 □家管 □學生
□其他 _____

3 您從何處購得本書？
□博客來　□金石堂網書　□讀冊　□誠品網書　□其他 _____
□實體書店 _____

4 您從何處得知本書？
□博客來　□金石堂網書　□讀冊　□誠品網書　□其他 _____
□實體書店 _____ □ FB（三友圖書 - 微胖男女編輯社）_____
□好好刊（雙月刊）　□朋友推薦　□廣播媒體

5 您購買本書的因素有哪些？（可複選）
□作者 □內容 □圖片 □版面編排 □其他 _____

6 您覺得本書的封面設計如何？
□非常滿意 □滿意 □普通 □很差 □其他 _____

7 非常感謝您購買此書，您還對哪些主題有興趣？（可複選）
□中西食譜 □點心烘焙 □飲品類 □旅遊 □養生保健 □瘦身美妝 □手作 □寵物
□商業理財 □心靈療癒 □小說 □其他 _____

8 您每個月的購書預算為多少金額？
□ 1,000 元以下　　□ 1,001 ～ 2,000 元 □ 2,001 ～ 3,000 元 □ 3,001 ～ 4,000 元
□ 4,001 ～ 5,000 元 □ 5,001 元以上

9 若出版的書籍搭配贈品活動，您比較喜歡哪一類型的贈品？（可選 2 種）
□食品調味類　□鍋具類　□家電用品類　□書籍類　□生活用品類　□DIY 手作類
□交通票券類　□展演活動票券類　□其他 _____

10 您認為本書尚需改進之處？以及對我們的意見？
_____

感謝您的填寫，

您寶貴的建議是我們進步的動力！